Biblioteca de Obras Maestras del Pensamiento

De los delitos y de las penas

Cesare
BECCARIA

Biblioteca de Obras
Maestras del Pensamiento

De los delitos y de las penas

Traducción:
ANTONIO BONANNO

Prólogo:
SILVINA RAMÍREZ

EDITORIAL LOSADA
BUENOS AIRES

Beccaria, Cesare
   De los delitos y de las penas - 1ª ed. 1ª reimp. - Buenos
Aires: Losada, 2005. 144 p.; 22 x 14 cm. (Biblioteca de
obras maestras del pensamiento)

   Traducido por: Antonio Bonanno
   ISBN 950-03-9215-1

   1. Filosofía del Derecho. I. Antonio Bonanno, trad.
   II. Título
   CDD 340.1.

Título del original italiano:
Dei delitti e delle pene

1ª edición en Biblioteca de Obras
Maestras del Pensamiento: noviembre de 2002

© Editorial Losada, S. A.
   Moreno 3362,
   Buenos Aires, 1999

Distribución:
Capital Federal: Vaccaro Sánchez, Moreno 794 - 9º piso
(1091), Buenos Aires, Argentina.
Interior: Distribuidora Bertrán, Av. Vélez Sarsfield 1950
(1285), Buenos Aires, Argentina.

Composición y armado: *Taller del Sur*

Libro de edición argentina
Queda hecho el depósito que dispone la ley 11.723
Impreso en la Argentina
Printed in Argentina

Prólogo

Cesare Bonesana Beccaria fue un personaje singular. Es posible caracterizarlo como un intelectual que si bien alcanzó prestigio en el mundo europeo, prefirió llevar adelante una apacible vida de provincias. A pesar de que a los veinticinco años escribe *De los delitos y de las penas,* obra que le da una gran popularidad entre los círculos intelectuales europeos, no volvió a prestar atención al tema penal hasta los últimos años de su vida,[1] produciendo artículos de escasa relevancia académica. Personaje contrastante, en el que se traducen la conquista del mundo ilustrado y su rechazo, ya que –prematuramente– decide instalarse en su ciudad natal para asimilarse a la opacidad del contexto que lo rodea, carente de las luces que auguraba su precoz despliegue como defensor de grandes ideales.

Es preciso contextualizar este libro. El medio en el que se pergeña es la ciudad natal del autor, Milán, dependiente del emperador Carlos VI. Esta ciudad gozaba de una situación político-organizativa de relativa autonomía

---

[1] Su "Voto" en la Comisión nombrada para la Reforma del sistema criminal de la Lombardía austríaca en 1792, y sus *Breves reflexiones en torno al Código general sobre los delitos y las penas, por lo que hace referencia a los delitos de policía,* en 1791.

a pesar de formar parte del Imperio que fue usufructuada por sectores sociales privilegiados que constituyeron la alta burguesía.

Paralelamente, en París toda una escuela de pensamiento (representado –entre otros– por Montesquieu, Rousseau y Voltaire) influiría decisivamente en el pensamiento del autor, en un clima propicio a la agitación política y al deslumbramiento intelectual, sobre todo teniendo presente que la obra que lo destaca en ese medio se publica en 1764.

En este marco de situación, sin lugar a dudas la obra de Beccaria inicia un camino. Su influencia en el ámbito del derecho penal es notable. La inspiración que de él procede –y que a su vez se alimentó con su amistad con Pietro Verri, su maestro y quien le transmitió la inquietud por los problemas penales– incidió en las reformas de muchos códigos penales de aquella época. Así, Catalina II de Rusia, en 1766, ordena la elaboración de reformas penales, entre ellas la abolición de la tortura. En 1776, la emperatriz María Teresa de Austria da un mandato en el mismo sentido. Luis XVI suprime en su monarquía la tortura, en 1780. Ya en plena Revolución Francesa, el pensamiento de Beccaria se plasma en las Constituciones de 1789 y 1793. Y lo que es aún más importante, sigue teniendo relevancia contemporánea, no sólo porque las ideas que plantea tienen vigencia atemporal, sino porque los males que pretendía subsanar no se han erradicado. Por ello, el libro de Beccaria, los ejes rectores que de él se desprenden, adquieren una fuerza inusitada.

¿Cuál es la motivación central de esta obra? La denuncia descarnada de un sistema penal, que tanto en los países centrales como en los occidentales europeos, adquirieron una eficacia basada en la dureza de las penas, con el objetivo de fortalecer las monarquías imperantes y respaldar su autoridad totalitaria. Su fuente principal fue el derecho románico-canónico y bajomedieval en donde subsistían delitos tales como los de lesa majestad (herejía, magia, sacrilegios). Una de las virtudes de este libro fue poner de relieve la situación imperante, interpelar a los que creaban y aplicaban un derecho absolutamente desproporcionado y arbitrario, y destacar la importancia de un cambio en las concepciones que –finalmente– permitieran alcanzar un derecho más humano.

Los rasgos que definen su propuesta en materia de derecho penal y derecho procesal penal pueden ser descritos de la siguiente manera:

1. Limitación del Estado para imponer penas.

Los hombres han resignado parte de su libertad para poder gozar del resto de la libertad no concedida, que conservan con absoluta tranquilidad y seguridad. Pero cuando las penas que la limitan sobrepasan la necesidad de garantizar esa seguridad y tranquilidad, la libertad irremediablemente se menoscaba, y las penas se desvirtúan y pueden calificarse como injustas.

2. Interpretación restringida de las leyes en su aplicación.

La potestad de interpretar las leyes no puede residir en los jueces, porque ellos no son los depositarios de la voluntad de los súbditos. La interpretación que se aleje de la rigurosa observancia de la ley puede acarrear desórdenes y hacer surgir controversias y arbitrariedades.

3. Rol relevante del legislador, que debe crear leyes pensadas para la protección del súbdito.

Los individuos no deberían ser sometidos a las tiranías de muchos, expuestos a sufrir por la falta de certeza. Si las leyes son las que disponen las penas a aplicar, el legislador es la autoridad que representa a toda la sociedad unida por un contrato social.

4. Procedimiento basado en la transparencia, la oralidad, la publicidad, la igualdad entre las partes y un sistema de pruebas claramente establecido; dejando atrás los sistemas inquisitivos.

Las leyes son las que deben fijar cuáles son los plazos para la defensa del imputado, determinar cuáles serán las pruebas aceptables, eliminar los privilegios a favor de los nobles. La justicia penal debe ser pública. Así, dice Beccaria: *[…] No hay libertad cuando las leyes permiten que en algunas circunstancias el hombre cese de ser persona para convertirse en cosa.*

5. Necesidad de humanizar las prisiones.

Destaca que, al momento de efectivizarse la pena, la fuerza se impone sobre la justicia; y la prisión se convierte en un suplicio más que en un modo de custodia del reo. Asimismo, exhorta a que la miseria y el hambre sean erradicados de las cárceles, y que la compasión y la humanidad penetren en ellas.

6. Necesidad de eliminar del sistema de penas las torturas.

Es en este punto en donde Beccaria mejor expone sus argumentos, construyendo un alegato irrebatible contra la imposición de torturas para lograr que el individuo confiese. Así, enfatiza que de este modo el dolor se convierte en el crisol de la verdad. El criterio que se utiliza para descubrir la verdad confunde al inocente con el culpable, y se presenta como cruel e irracional, en la medida en que para evitar el sufrimiento el reo confesará lo que sea para sustraerse al dolor.

7. Rechazo de la pena de muerte.

Beccaria rechaza categóricamente la pena de muerte,

considerando –explícitamente– que no es un derecho del soberano disponerla, y demostrando que la misma es inútil e innecesaria. No obstante, menciona dos excepciones en las que es posible admitirla: a) cuando el sujeto, aun privado de libertad, tenga todavía tal poder y relaciones que su muerte sea necesaria para la seguridad de la nación, y b) en tiempo de anarquía, "cuando los desórdenes mismos hacen las veces de leyes" y la muerte fuere el verdadero único freno para retener a los demás en su impulso de cometer delitos.[2]

8. Racionalización del sistema de penas, destacando la importancia de que las penas y el delito guarden la debida proporción.

Las penas deben guardar sentido con la ofensa que el delito ha causado a la sociedad. Si se atribuye la misma pena a delitos diferentes por el daño que han producido, se tergiversará todo el aparato de motivaciones que se ha construido para desalentar determinadas conductas.

9. Determinación de las penas por el legislador.

Es al legislador a quien le compete determinar claramente cuáles serán las penas que se aplicarán como consecuencia de determinada acción. El magistrado sólo podrá aplicarlas en la medida en que se encuentren previamente previstas por la legislación.

10. Prevención del delito asentada en una legislación clara e igualitaria, en el cumplimiento de ésta por

---

[2] Bien señala Francisco Tomás y Valiente en su trabajo introductorio a la obra *De los delitos y de las penas* de la Editorial Aguilar que: ...*Aunque no fuera el primero en negar tal pena y aunque debilitara su abolicionismo con alguna concesión, es claro que su actitud es claramente opuesta a la máxima pena, que juzga inútil, innecesaria, injusta.*

parte de los funcionarios, en el conocimiento y la libertad, y fundamentalmente en la educación.

Tal como lo expresa Beccaria, prevenir los delitos es mejor que punirlos. Éste es el fin de toda legislación que pretenda conducir a los hombres al máximo de felicidad. Las leyes deben ser sencillas y transparentes, promoviendo su conocimiento, ya que de este modo la fuerza de la razón se impone. Asimismo, perfeccionar la educación, transmitiendo principios que tengan que ver con lo útil para el hombre, y que no se convierta en la aprehensión de multitud de asuntos sin sentido.

Resumiendo, podríamos decir que la importancia de este libro radica en haber desnudado la crueldad de un sistema. También es destacable su aporte de lineamientos generales que contribuyeron a generar instrumentos de cambio del sistema de justicia penal. Beccaria no fue un gran jurista, ni un pensador descollante (salvo, es necesario reconocer, en la exposición de este libro, en el que claramente se destaca), pero tuvo la virtud de identificar un problema, de describirlo, de criticarlo agudamente, abriendo el debate y sentando las bases de una lucha que aún no se ha saldado: la de alcanzar una justicia más humana. Luego, dejó que otros asumieran la importancia de la tarea y la abordaran desde una perspectiva práctica.

Es entonces, y en el sucinto contexto presentado, que las ideas de Beccaria impactaron profundamente en el debate de su época. Lo que es factible rescatar para nuestra propia realidad es la discusión planteada, que conserva –paradójicamente– su fuerza y actualidad. Particularmente en América latina el paradigma esbozado hace ya más de dos siglos constituye una cuenta pendiente para las estructuras actuales de nuestros sistemas de administración de justicia.

Si bien los movimientos actuales tienden a la concreción de un modelo como el expuesto, ciertamente los cambios a producir están íntimamente vinculados a los ya mencionados por Beccaria. En Hispanoamérica, los sistemas de administración de justicia penal han estado profundamente marcados por la herencia inquisitiva. Juicios escritos, secretos, con reglas opacas han sido las características sobresalientes de nuestros procesos. Es en épocas recientes cuando –con argumentos parecidos a los de Beccaria y defendiendo los mismos ideales– se inicia una etapa de grandes renovaciones, que tiende a modificar una cultura jurídica signada por el conservadurismo y la vulneración permanente de los derechos humanos.

Dejar de lado los procedimientos inquisitivos, combatir la crueldad de las penas y los horrores de las prisiones, abrir un espacio a los más vulnerables que son los que más sufren las perversiones del sistema penal, constituyen los cimientos de su construcción teórica, que son los mismos que hoy utilizamos para fortalecer nuestros procesos.

Muchas veces la injusticia y el abuso de los derechos toman otras formas, plagando de eufemismos el lenguaje jurídico de modo tal que la práctica constituye un buen ejemplo de distorsiones del procedimiento, mientras que los instrumentos jurídicos se perfeccionan ignorando las arbitrariedades que se cometen en su nombre.

¿Cuál es, entonces, el legado de esta obra para los sistemas de administración de justicia penal en América latina? Sin lugar a dudas, su vocación de rescatar la dignidad del ser humano diseñando una justicia que esté a su servicio, y que no lo instrumentalice en el fortalecimiento de estructuras perversas.

El papel que debe jugar la política criminal en la consolidación de un estado de derecho no es secundario, ya que constituye una de las políticas básicas de la sociedad que se expresa a través de la legislación y del funcionamiento concreto de los sistemas jurídicos. Actualmente, gran parte de nuestra justicia penal es hereditaria de la época colonial, lo que equivale a afirmar que tiene rasgos análogos a los del procedimiento inquisitivo que denunció Beccaria, de allí la traslación casi directa de sus postulados, que si bien fueron formulados en el siglo XVIII, conservan la misma fuerza.

Por ello, citar a Beccaria intentando retomar las razones que lo llevaron a convertirse en un clásico dentro del pensamiento de los teóricos penales adquiere una especial relevancia. El teorema general con el que concluye su obra es por demás ilustrativo, y vuelve a remitirnos a principios básicos sobre los que se asientan las instituciones democráticas: *Para que cada pena no sea una violencia de uno o de muchos contra un ciudadano privado, debe ser esencialmente pública, pronta, necesaria, la mínima de las posibles en las circunstancias dadas, proporcional a los delitos, dictada por las leyes.*

Si pretendemos encontrar puntos de encuentro entre el Beccaria del siglo XVIII y nuestra preocupación concreta de reformar los sistemas de administración de justicia (que en la última década ha alcanzado un interés creciente en América latina), podemos hacerlo rastreando cuáles fueron los presupuestos de la fundación de la república, eliminando el apoyo al despotismo ilustrado e intentando fundamentar la necesidad de la existencia de un poder democrático. Justificar el poder del soberano es una discusión omnipresente. Y si bien Beccaria no lo afirma explícitamente, insinúa que los súbditos son los que deben disponer del "poder", cuestionando –subrepticiamente–

el papel del monarca.[3] Es en este marco en el que encontraremos las ideas básicas que tanto conmovieron a las clases dirigentes del mundo europeo dos siglos atrás, y que hoy siguen sacudiendo las estructuras republicanas en la búsqueda de una justicia que asuma su misión.

Podríamos describir el estado de situación del proceso de reformas a la administración de justicia penal –actualmente y en América latina– como aquel en el que se ha alcanzado un claro consenso alrededor de la necesidad de promover reformas legislativas, del nuevo rol que debe cumplir el Poder Judicial llevando adelante el juicio acusatorio (un juez que controle el respeto de las garantías, un fiscal que investigue y una policía que colabore con el fiscal), y la incorporación insoslayable a dicho proceso de los ciudadanos y funcionarios, que puedan asumir el cambio cultural que significan las nuevas reglas que rigen las transformaciones mencionadas.

Al menos cuatro son las premisas que dan sentido a los cambios que requiere la administración de justicia:

una idea política,
una idea normativa,
una idea administrativa,
una idea cultural.[4]

Estas ideas –globalmente– aportarían los ingredientes básicos para que un cambio estructural efectivamente se

---

[3] No hay que olvidar que *El contrato social* de Rousseau fue publicado en 1762, dos años antes que el libro de Beccaria, que sin lugar a dudas tuvo una influencia notable en el desarrollo de su pensamiento.

[4] He tomado este análisis de la reflexión de Alberto Binder, expresada en su artículo "Balance y perspectiva de la Reforma Judicial en América latina" en la obra *Política criminal*.

produzca. Sin embargo, y si bien sería deseable que dichas ideas pudieran ser trabajadas en conjunto, la complejidad que plantean nos obliga a limitar nuestras expectativas, abordando cada problema puntual con el telón de fondo de estos presupuestos. Recobrando un rol genuino del Poder Judicial, trabajando los proyectos normativos de una manera abierta entre los poderes del Estado y sus ciudadanos, concientizando a la sociedad en su conjunto de la importancia de las reformas y dotando a los tribunales de una administración racional podremos producir transformaciones que combinen, tal como lo propuso Beccaria, los derechos de los individuos y la sociedad, que en su interacción generen una política criminal equilibrada y necesaria para la solidificación del estado de derecho.

Estas premisas pueden ser vinculadas con la perspectiva planteada ya por Beccaria, enfatizando la función que deben cumplir los legisladores y los jueces, tergiversada en sus prácticas. Podemos ilustrarlo con los siguientes párrafos de su obra:

…sólo las leyes pueden decretar las penas sobre los delitos; y esta autoridad no puede residir más que en el legislador, que representa a toda la sociedad unida por un contrato social.…
…Las leyes son las condiciones con que hombres independientes y aislados se unieron en sociedad, fatigados de vivir en un continuo estado de guerra y de gozar una libertad convertida en inútil por la certidumbre de conservarla.

En cuanto al poder de los jueces, éstos contaban con un amplio margen de discreción que les permitía aplicar la ley penal a su antojo, amparados en la oscuridad en que el procedimiento era llevado a cabo. La poca claridad de las leyes contribuía a que el juez no sólo pudiera interpretar la normativa arbitrariamente, sino que incluso decidiera cuál era la pena aplicable, ya que en muchos casos no estaba determinada por las leyes vigentes. Esta descripción de la realidad del siglo XVIII, si bien con algunos matices, también puede ser aplicada a nuestra situación contemporánea. Por lo que los cambios mencionados en párrafos precedentes siguen un hilo conductor hasta la actualidad.

Esta obra ha trascendido el contexto de su siglo, para polemizar sobre cuestiones medulares que deben ser consideradas en la construcción de sistemas que sean interpelados permanentemente por la realidad que los rodea. De este modo, los dos siglos que han transcurrido desde la publicación de este libro hasta nuestros días no hacen sino resaltar la complejidad de justificar el poder punitivo del Estado y de establecer sus límites en nuestros sistemas de gobierno. Tal vez la tarea sea permanente e inacabada, y debamos reflexionar una y otra vez acerca de la medida del castigo justo. Sin embargo –al menos– es imprescindible tener presente que hasta que no podamos dar respuestas a interrogantes básicos tales como los que plantea Beccaria, sólo contribuiremos a construir democracias inestables, que no podrán garantizar el respeto de la dignidad del ser humano.

Éste es un prólogo breve, que sólo tiene por pretensión presentar puntualmente las ideas del autor, su influencia en nuestras realidades y, fundamentalmente, la vigencia de su pensamiento en una concepción humanitaria de los sistemas de administración de justicia penal latinoamericanos. Dado que estas palabras no constituyen un análisis exhaustivo de la obra de este autor, sólo he querido aportar los rasgos sobresalientes de su persona y de este libro, que ha trascendido la problemática de la época en que fue concebido.

El diseño y la implementación de las transformaciones a la administración de la justicia penal surgen como una necesidad en la construcción del estado de derecho. Y como una exigencia en la búsqueda de una sociedad más igualitaria y democrática, que erradique los fantasmas del absolutismo y la discriminación. Ciertamente, es el desafío que hoy se torna perentorio.

Silvina Ramírez

Cronología de la vida y las obras

1738 Cesare Bonesana Beccaria nace en Milán el 15 de marzo, hijo de Giovanni Saverio y Maria dei Visconti di Saliceto, en la residencia familiar de Brera.
1746 Ingresa en el Collegio Farnesiano de Parma.
1758 Se gradúa en derecho en la Universidad de Pavía.
1760 Se enamora de Teresa Blasco, de dieciséis años, hija de un coronel. El padre de Cesare se opone a la boda por todos los medios, pero igual se casan ambos un año más tarde. Del matrimonio nacerán dos hijas, Giulia (futura madre de Alejandro Manzoni) y Maria.
1762 En mayo se produce la reconciliación con la familia. Entretanto, Cesare frecuenta las reuniones de la Accademia dei Pugni, asociación libre y combativa de la que es animador el conde Pietro Verri. Publica su primer trabajo, *Del disordine y de' rimedii delle monete nello stato di Milano nell'anno 1762* [Del desorden y los remedios de las monedas en el Estado de Milán en el año 1762].
1763 Acepta la sugerencia de Pietro Verri, infatigable promotor de iniciativas culturales, y se dedica a un estudio crítico sobre la legislación penal.
1764 En verano, de las prensas del impresor Coltellini,

de Livorno, sale anónimo el tratado *Dei delitti e delle pene*. En toda Europa se eleva el consenso entusiasta de intelectuales y políticos iluminados. Disputas e impugnaciones sólo consiguen incrementar la popularidad de Beccaria. En Milán se inicia, entretanto, la empresa del *Caffé*, el periódico de Pietro y Alessandro Verri, en el que Beccaria publicará siete artículos sobre temas diversos.

1766 El 3 de enero, André Morellet le envía a Beccaria un primer ejemplar del tratado traducido por él al francés. En otoño, invitado a trasladarse a París, Beccaria parte de Milán; viaja con él Alessandro Verri. Pero la estada será breve. A pesar del éxito que lo halaga, Cesare siente una aguda nostalgia de su casa. Alessandro, que le escribe desde París a su hermano Pietro, manifiesta una creciente irritación por la inquietud del amigo y por su tendencia a granjearse las atenciones y los elogios. Beccaria vuelve a Milán el 12 de diciembre. Ahí se corta también su relación con Pietro Verri. En ese mismo período, Catalina II invita a San Petersburgo al ya célebre autor de *De los delitos y de las penas*: desea confiarle la tarea de supervisar la redacción del nuevo Código ruso. Pero Beccaria rehúsa.

1768 Le es asignada la cátedra de administración y ciencia de las finanzas ("ciencias de las asociaciones") en las Scuole Palatine de Milán. Fruto de esa enseñanza serán los *Elementi di economia pubblica* [Elementos de economía pública], de publicación póstuma en 1804.

1770 Publica la primera parte de las *Ricerche intorno alla natura dello stile* [Investigaciones sobre la naturaleza del estilo] (quedarán inconclusas: un fragmento de la segunda parte tendrá publicación póstuma en 1809).

1771 Ingresa en el Supremo Consejo de Economía, donde se dedica sobre todo a los problemas de provisión de víveres.

1774 Muerta Teresa Blasco, Beccaria se apresura a buscar una nueva compañera: después de pocas semanas de viudez se vuelve a casar con la joven Anna Barbò, de familia aristocrática. Del matrimonio nacerá un hijo varón, Giulio.

1778 Se convierte en magistrado provincial de la moneda y miembro de la delegación para la reforma de las monedas. Alto funcionario, satisfecho con una carrera buena pero no excepcional, pasará los últimos años de su vida en un trabajo a menudo oscuro, rutinario, que formaba parte de un plan de reordenamiento político-administrativo del Estado milanés.

1780 Presenta su trabajo *Della riduzione delle misure di lunghezza all'uniformità per lo stato di Milano* [De la reducción de las medidas de longitud a la uniformidad para el Estado de Milán].

1782 Se celebra el matrimonio entre Giulia y Pietro Manzoni. Fue precisamente Cesare el que impulsó a la hija a una unión que no se revelaría feliz. Tres años más tarde, con el nacimiento de Alessandro, Beccaria será abuelo.

1791 Con su trabajo titulado *Brevi riflessioni intorno al codice generale sopra i delitti e le pene, per ciò che riguarda i delitti politici* [Breves reflexiones en torno del código general acerca de los delitos y las penas, en lo que concierne a los delitos políticos], vuelve a los temas de carácter jurídico que habían dado materia, veintisiete años antes, a su obra más célebre (se trata ahora de una contribución "técnica" para la preparación de un nuevo Código, inspirado en el austríaco).

1794 Muere de un ataque de apoplejía (28 de noviembre). Con un sencillo funeral y sin ninguna ceremonia particular, es sepultado en el cementerio milanés de San Gregorio.

In rebus quibuscumque difficilioribus non expectandum, ut quis simul, et serat, et metat, sed praeparatione opus est, ut per gradus maturescant.

BACON, *Serm. fidel.*, n. XLV.[1]

A quien leyere[2]

Algunos restos de leyes de un antiguo pueblo conquistador hechos compilar por un príncipe que doce siglos atrás reinaba en Constantinopla, entremezclados luego con ritos longobardos[3] e incluidos en farragosos volúmenes de intérpretes privados y oscuros, forman esa tradición de opiniones que de una gran parte de Europa recibe todavía el nombre de leyes; y es cosa tan funesta como común hasta el día de hoy que una opinión de Carpzovio,[4] un uso antiguo mencionado por Claro,[5] un tormento con complacencia iracunda sugerido por Farinaccio[6] sean las leyes a las que con seguridad obedecen aquellos que temblando deberían regir la vida y la suerte de los hombres. Estas leyes, que son un residuo de los siglos más bárbaros, se examinan en este libro en cuanto a esa parte que concierne al sistema criminal, y se osa exponer sus desórdenes a los directores de la felicidad pública con un estilo que aleja al vulgo no iluminado e impaciente. Esa ingenua indagación de la verdad, esa independencia de las opiniones vulgares con que está escrita esta obra es un efecto del dulce e iluminado gobierno bajo el cual vive el autor.[7] Los grandes monarcas, los benefactores de la humanidad que nos gobiernan, aman las verdades expuestas por el oscuro filósofo con un no fanático vigor, propio de quien se vale de la fuerza o la industria, rechazado por la razón; y los desórdenes presentes de los que examina todas las circunstancias son la sátira y el reproche de las eras pasadas, no de este siglo y de sus legisladores.

Todo el que deseara honrarme con sus críticas comience entonces por comprender bien el objetivo que se propone esta obra, objetivo que muy lejos de disminuir la legítima autoridad, serviría para incrementarla si más que la fuerza puede la opinión en los hombres, y si la dulzura y la humanidad la justifican a los ojos de todos. Las mal intencionadas críticas publicadas contra este libro[8] se fundan en confusas nociones, y me obligan a interrumpir por un momento mis razonamientos a los iluminados lectores, para cerrar de una vez para siempre el paso a los errores de un tímido entusiasmo o a las calumnias de la envidia maligna.

Tres son las fuentes de las que derivan los principios morales y políticos reguladores de los hombres. La revelación, la ley natural y las convenciones artificiales de la sociedad.[9] No hay parangón entre la primera y las otras respecto de su fin principal; pero se parecen en esto de que conducen las tres a la felicidad de esta vida mortal. Considerar las relaciones de la última no significa excluir las relaciones de las dos primeras; así como aquellas, si bien divinas e inmutables, fueron alteradas de mil modos en las mentes depravadas por culpa de los hombres, de las falsas religiones y de las nociones arbitrarias de vicio y de virtud, así parece necesario examinar separadamente de toda otra consideración lo que nace de las puras convenciones humanas, expresadas o supuestas para la necesidad y utilidad común,[10] idea en la que toda secta y todo sistema de moral debe necesariamente convenir, y será siempre loable empresa la que fuerza aun a los más obstinados e incrédulos a conformarse a los principios que impulsan a los hombres a vivir en sociedad. Existen entonces tres clases distintas de virtud y de vicio, religiosa, natural y política. Estas tres clases no deben estar nunca en contradicción entre sí, pero no todas las consecuencias y los deberes que resultan de una resultan de las otras. No todo lo que exige la revelación lo exige la ley natural, ni todo lo que exige ésta lo exige la pura ley social, pero es importantísimo separar lo que resulta de esta convención, es decir, de los pactos expresos o tácitos de los hombres, porque tal es el límite de aquella fuerza que puede ejercerse legítimamente entre hombre y hombre sin una misión especial del Ser Supremo. Entonces, la idea de la virtud política[11] puede sin más llamarse variable; la de la virtud natural sería siempre límpida y manifiesta si no la oscurecieran la imbecilidad o las pasiones de los hombres; la de la virtud religiosa es siempre una y constante, porque es revelada inmediatamente por Dios y por él conservada.

Sería así un error atribuirle a quien habla de las convenciones sociales y de las consecuencias de ellas principios contrarios a la ley natural o a la revelación, porque no habla de éstas. Sería un error de quien, al hablar de estado de guerra antes del estado de sociedad, lo tomara en el sentido hobbesiano,[12] es decir, de ningún deber y de ninguna obligación anterior, en lugar de tomarlo por un hecho nacido de la corrupción de la naturaleza humana y de la falta de una sanción expresa. Sería un error imputarle delito a un escritor, que considera las emanaciones del pacto social, no admitirlas antes del pacto mismo.

La justicia divina y la justicia natural son por su esencia inmutables y constantes, porque la relación entre dos objetos iguales es siempre la misma; pero la justicia humana, o sea política, al no ser más que una relación entre la acción y el estado variado de la sociedad, puede variar a medida que esa acción se torna necesaria o útil a la sociedad, lo que no se discierne bien salvo que se analicen las complicadas y tan mutables relaciones de las combinaciones civiles. En cuanto se confunden esos principios esencialmente distintos, ya no hay esperanza de razonar bien en las materias públicas. Corresponde a los teólogos establecer los confines de lo justo y lo injusto en lo que respecta a la intrínseca maldad o bondad del hecho; establecer las relaciones de lo justo y lo injusto político, es decir, de lo que es útil o perjudicial para la sociedad, corresponde al publicista;[13] ni un objeto puede perjudicar nunca al otro, porque cada uno ve en qué medida la virtud puramente política debe ceder a la inmutable virtud que emana de Dios.

Todo aquel que, repito, desee honrarme con sus críticas, que comience entonces por no suponer en mí principios destructores de la virtud o de la religión, porque he demostrado que no son esos mis principios, y en lugar de describirme incrédulo o sedicioso, que procure hallarme mal lógico o inhábil político; que no trepide ante toda proposición que sostenga los intereses de la humanidad; que me convenza de la inutilidad o del daño político que podría derivar de mis principios, que me haga ver la ventaja de las prácticas[14] recibidas. He dado un testimonio público de mi religión y de mi sumisión a mi soberano con la respuesta a las *Note ed osservazioni*;[15] responder a escritos semejantes sería superfluo; pero todo el que escriba con la decencia correspondiente a hombres honestos y con esas luces que me dispensen de probar los primeros principios, de cualquier carácter que sean, hallará en mí no tanto a un hombre que trata de responder cuanto a un pacífico amante de la verdad.

Introducción

Los hombres suelen abandonar los más importantes reglamentos a la prudencia cotidiana o a la discreción de aquellos cuyo interés es oponerse a las leyes más próvidas que por naturaleza tornan universales las ventajas y resisten a ese esfuerzo por el cual tienden a condensarse en pocos,[16] acumulando por una parte el colmo de la potencia y la felicidad y por la otra toda la debilidad y la miseria. Es por eso que sólo después de pasar por mil errores en las cosas más esenciales para la vida y la libertad, después de cansarse de sufrir los males, llegados al extremo, se disponen a remediar los desórdenes que los oprimen y a reconocer las verdades más palpables, las que precisamente por su simplicidad escapan a las mentes vulgares, no habituadas a analizar los objetos sino a recibir sus impresiones todas juntas, más por tradición que por examen.

Abrimos las historias y vemos que las leyes, que son o deberían ser pactos de hombres libres, en general no han sido más que el instrumento de las pasiones de unos pocos, o surgidas de una necesidad fortuita y pasajera; no dictadas por un frío examinador de la naturaleza humana, que en un solo punto concentrara las acciones de una multitud de hombres, y las considerase en ese punto de vista: *la máxima felicidad dividida en el mayor número*.[17] Felices son aquellas poquísimas naciones que no aguardaron que el lento movimiento de las combinaciones y vicisitudes humanas hiciera suceder en el extremo de los males una marcha hacia el bien, sino que aceleraron los pasajes intermedios con buenas leyes; y merece la gratitud de los hombres aquel filósofo que tuvo el coraje de arrojar hacia la multitud, desde su oscuro y despreciado gabinete, las primeras semillas largamente infructuosas de las verdades útiles.

Se han conocido las verdaderas relaciones entre el soberano y los súbditos, y entre las diversas naciones; el comercio se ha animado al conocerse las verdades filosóficas difundidas por la imprenta, y se ha iniciado entre las naciones una tácita guerra de industria, más humana y más digna de hombres razonables. Éstos son frutos que se deben a la luz de este siglo, pero poquísimos han examinado y combatido la crueldad de las penas y la irregularidad de los procedimientos criminales, parte de la legislación tan principal y tan descuidada en casi toda Europa, poquísimos se han remitido a los principios generales y aniquilaron los errores acumulados en varios siglos, frenando al menos, con esa sola fuerza que tienen las verdades conocidas, el curso demasiado libre de la potencia mal dirigida, que ha dado hasta ahora un largo y autorizado ejemplo de fría atrocidad. Y sin embargo los gemidos de los débiles, sacrificados a la cruel ignorancia y a la rica indolencia, los bárbaros tormentos multiplicados con pródiga e inútil severidad por delitos no probados o quiméricos, la escualidez y los horrores de una cárcel, aumentados por el más cruel verdugo de los desdichados, la incertidumbre,[18] debían sacudir a esa especie de magistrados que guían las opiniones de las mentes humanas.

El inmortal presidente Montesquieu[19] ha discurrido rápidamente sobre esta materia. La indivisible verdad me ha obligado a seguir los rastros luminosos de ese hombre, pero los hombres pensantes, para los cuales escribo, sabrán distinguir mis pasos de los suyos. ¡Seré afortunado si puedo obtener, como él, los secretos agradecimientos de los oscuros y pacíficos partidarios de la razón, y si puedo inspirar ese dulce estremecimiento con el que las almas sensibles responden al que sostiene los intereses de la humanidad!

I

Origen de las penas

Las leyes son las condiciones con las cuales hombres independientes y aislados se unieron en sociedad, cansados de vivir en un continuo estado de guerra y de gozar de una libertad cuya incierta conservación volvía inútil. Ellos sacrificaron una parte para poder gozar del resto con seguridad y tranquilidad. La suma de todas esas porciones de libertad sacrificadas al bien de cada uno forma la soberanía de una nación, y el soberano es el legítimo depositario y administrador de esas porciones; pero no bastaba con formar este depósito, era necesario defenderlo de las usurpaciones privadas de cada hombre en particular, el que trata siempre de quitar del depósito no sólo su propia porción sino de usurpar también la de los otros. Hacían falta motivos sensibles que bastaran para disuadir el deseo despótico de cada hombre de volver a sumir las leyes de la sociedad en el antiguo caos. Estos motivos sensibles son las penas establecidas contra los infractores de las leyes. Digo *motivos sensibles*, porque la experiencia ha hecho ver que la multitud no adopta principios de conducta estables, ni se aleja de ese principio universal de disolución,[20] que se observa en el universo físico moral, si no es con motivos que de inmediato golpean los sentidos y que de continuo se asoman a la mente para contrabalancear las fuertes impresiones de las pasiones parciales que se oponen al bien universal; ni la elocuencia, ni las declamaciones, ni siquiera las verdades más sublimes han bastado para frenar por largo tiempo las pasiones excitadas por los vivos golpes de los objetos presentes.

II

Derecho de castigar

Toda pena que no deriva de la necesidad absoluta, dice el gran Montesquieu, es tiránica; proposición que se puede generalizar más de esta manera: todo acto de autoridad de hombre a hombre que no derive de la absoluta necesidad es tiránico. Sobre esto se basa entonces el derecho del soberano de castigar los delitos: en la necesidad de defender el depósito de la salud pública de las usurpaciones particulares; y tanto más justas son las penas, cuanto más sagrada e inviolable es la seguridad, y mayor la libertad que el soberano otorga a los súbditos. Consultamos el corazón humano y en él hallamos los principios fundamentales del verdadero derecho del soberano a punir los delitos, porque no se debe esperar ninguna ventaja duradera de la política moral si ella no se funda en los sentimientos indelebles del hombre. Toda ley que se aparte de éstos encontrará siempre una resistencia contraria que se impone al fin, de la misma manera en que una fuerza aun mínima, si se la aplica continuadamente, supera todo movimiento violento comunicado a un cuerpo.

Ningún hombre dio gratuitamente parte de su propia libertad en vista del bien público; esa quimera no existe más que en las novelas; si fuera posible, cada uno de nosotros desearía que los pactos que obligan a los otros no nos obligaran; cada hombre se hace centro de todas las combinaciones del globo.

La multiplicación del género humano, pequeña por sí misma pero en mucho superior a los medios que ofrecía la naturaleza estéril y abandonada para satisfacer las necesidades que se entrecruzaban en medida creciente, reunió a los primeros salvajes. Las primeras uniones formaron necesariamente las otras para resistir a las primeras, y así el estado de guerra se trasladó del individuo a las naciones.

Fue entonces la necesidad la que obligó a los hombres a ceder parte de la propia libertad: él está seguro de que cada uno no desea poner en el depósito público más que la mínima porción posible, sólo lo que baste para inducir a los otros a defenderlo. El agregado de estas mínimas porciones posibles forma el derecho de castigar; todo lo demás es abuso y no justicia, es hecho pero no derecho. Obsérvese que la palabra *derecho* no es contradictoria respecto de la palabra *fuerza*, sino que la primera es antes que nada una modificación de la segunda, es decir, la modificación más útil al mayor número. Y por justicia no entiendo otra cosa que el vínculo necesario para mantener unidos los intereses particulares, que sin él se disolverían en el antiguo estado de insociabilidad: todas las penas que superan la necesidad de conservar este vínculo son injustas por naturaleza. Se debe tener el cuidado de no asociar con la palabra justicia la idea de algo real, como una fuerza física, o un ser existente; ella es una simple manera de concebir de los hombres, manera que influye infinitamente sobre la felicidad de cada uno; tampoco me refiero a esa otra clase de justicia emanada de Dios y que tiene sus relaciones inmediatas con las penas y recompensas de la vida futura.

III

Consecuencias

La primera consecuencia de estos principios es que sólo las leyes pueden decretar las penas sobre los delitos, y que esta autoridad sólo puede residir en el legislador que representa a toda la sociedad unida por un contrato social; ningún magistrado (que es parte de la sociedad) puede imponer con justicia penas contra otro miembro de la sociedad misma. Pero una pena incrementada más allá del límite fijado por las leyes es la pena justa más otra pena; entonces un magistrado no puede, con cualquier pretexto de severidad o de bien público, incrementar la pena fijada a un delincuente ciudadano.

La segunda consecuencia es que si cada miembro particular está ligado a la sociedad, ésta se halla igualmente ligada a cada miembro particular por un contrato que por su naturaleza obliga a las dos partes. Esta obligación, que desciende del trono hasta la choza, que liga igualmente al más grande y al más miserable entre los hombres, no significa sino que es interés de todos que se observen los pactos útiles al mayor número. La violación aun de uno solo, empieza a autorizar la anarquía.[21] El soberano, que representa a la sociedad misma, no puede formar más que las leyes generales que obligan a todos los miembros, pero no juzgar que uno haya violado el contrato social, porque entonces la nación se dividiría en dos partes, una representada por el soberano, que afirma la violación del contrato, y la otra por el acusado, que la niega. Es así necesario que un tercero juzgue la verdad del hecho. De ahí la necesidad de un magistrado, cuyas sentencias sean inapelables y consistan en meras aseveraciones o negaciones de hechos particulares.[22]

La tercera consecuencia es que cuando se probase que la atrocidad de las penas, si no inmediatamente opuesta al bien público y al fin mismo de impedir los delitos, fuese solamente inútil, también en este caso ella sería no sólo contraria a esas virtudes benéficas que son el efecto de una razón iluminada que prefiere comandar a hombres felices más que a una grey de esclavos, en la cual se haga una circulación perpetua de tímida crueldad, sino que lo sería a la justicia y a la naturaleza del contrato social mismo.

IV

Interpretación de las leyes

Cuarta consecuencia. Ni siquiera la autoridad de interpretar las leyes penales puede residir en los jueces criminales por la misma razón de que no son legisladores. Los jueces no han recibido las leyes de nuestros antiguos padres como una tradición doméstica y un testamento que no dejara a los sucesores más que la obligación de obedecer, sino que las reciben de la sociedad viviente, o del soberano que la representa, como legítimo depositario del actual resultado de la voluntad de todos; las reciben no como obligaciones de un antiguo juramento, nulo porque ligaba voluntades no existentes, inicuo porque reducía a los hombres del estado de sociedad al estado de manada, sino como efecto de un juramento tácito o expreso, que las voluntades reunidas de los súbditos vivientes han hecho al soberano, como vínculos necesarios para frenar y regir el fermento intestino de los intereses particulares. Ésta es la autoridad física y real de las leyes. ¿Quién será entonces el legítimo intérprete de la ley? ¿El soberano, es decir, el depositario de las actuales voluntades de todos, o el juez, cuyo oficio es sólo examinar si tal hombre cometió o no una acción contraria a las leyes?

En cada delito se debe hacer del juez un silogismo perfecto: la mayor[23] debe ser la ley general, la menor la acción conforme o no a la ley, la consecuencia la libertad o la pena. Cuando el juez se vea obligado, o desee hacer sólo dos silogismos, se abre la puerta a la incertidumbre.

No existe nada más peligroso que ese axioma común según el cual es necesario consultar el espíritu de la ley. Éste es un dique roto por el torrente de las opiniones. Esta verdad, que parece una paradoja a las mentes vulgares, más sacudidas por un pequeño desorden presente que por las funestas pero remotas consecuencias que nacen de un falso principio radicado en una nación, me parece demostrada. Nuestras cogniciones y todas nuestras ideas tienen una conexión recíproca; cuanto más complicadas son, tanto más numerosas son las vías que a ellas llegan y de las que parten. Cada hombre tiene su punto de vista, cada hombre en tiempos diferentes tiene un punto de vista diferente. El espíritu de la ley sería entonces el resultado de la buena o mala lógica de un juez, de una digestión fácil o malsana, dependería de la violencia de sus pasiones, de la debilidad de la que sufre, de las relaciones del juez con la víctima del delito o de todas esas fuerzas mínimas que cambian las apariencias de cada objeto en el ánimo fluctuante del hombre. Por eso vemos que cambia varias veces la suerte de un ciudadano al pasar por diversos tribunales, y la vida de los miserables es víctima de los falsos raciocinios o del actual fermento de los humores de un juez, que toma por legítima interpretación el vago resultado de toda esa confusa serie de nociones que mueven su mente. Entonces vemos los mismos delitos castigados de manera diferente por el mismo tribunal en tiempos diferentes, por haber consultado no la voz constante y fija de la ley sino la errante inestabilidad de las interpretaciones.[24]

Un desorden que nace de la rigurosa observancia de la letra de una ley penal no debe ponerse en confrontación con los desórdenes que nacen de la interpretación. Ese inconveniente momentáneo lleva a hacer la fácil y necesaria corrección de las palabras de la ley, que son la causa de la incertidumbre, pero impide la fatal licencia de razonar, de la que nacen las controversias arbitrarias y venales. Cuando un código fijo de leyes, que se deben observar al pie de la letra, no deja al juez otra tarea que examinar las acciones de los ciudadanos, y juzgarlas conformes o no a la ley escrita, cuando la norma de lo justo o de lo injusto, que debe dirigir las acciones tanto del ciudadano ignorante como del ciudadano filósofo, no es un asunto de controversia, pero sí de hecho, entonces los súbditos no son objetos de las pequeñas tiranías de muchos, tanto más crueles cuanto menor es la distancia entre el que sufre y el que hace sufrir, más fatales que las de uno solo porque el despotismo de muchos sólo es corregible con el despotismo de uno solo y la crueldad de un despótico es proporcional no a la fuerza sino a los obstáculos. Así los ciudadanos adquieren esa seguridad de sí mismos que es justa porque es el fin por el cual los hombres están en sociedad, que es útil porque los pone en el caso de calcular exactamente los inconvenientes de un delito. Es cierto, además, que adquirirán un espíritu de independencia, pero no agitador de las leyes y recalcitrante a los magistrados supremos, sino a aquellos que han osado aplicar el nombre sagrado de virtud a la debilidad de ceder a sus opiniones interesadas o caprichosas. Estos principios disgustarán a aquellos que se han hecho un derecho de transmitir a los inferiores los golpes de la tiranía que han recibido de los superiores. Yo debería temerlo todo si el espíritu de tiranía fuera compatible con el espíritu de lectura.[25]

V

Oscuridad de las leyes

Si la interpretación de las leyes es un mal, de manera evidente es otro mal la oscuridad que acarrea necesariamente la interpretación, y es grandísimo si las leyes están escritas en una lengua ajena al pueblo, que lo pone en dependencia de unos pocos, no pudiendo juzgar por sí mismo cuál será el resultado de su libertad, o de sus miembros, en una lengua que hace que un libro solemne y público sea casi privado y doméstico. ¡Qué debemos pensar de los hombres al reflexionar que ésta es la inveterada costumbre de buena parte de la culta e iluminada Europa! Cuanto mayor sea el número de aquellos que entienden y tienen entre las manos el sagrado código de las leyes, tanto menos frecuentes serán los delitos, porque no hay duda de que la ignorancia y la incertidumbre de las penas favorecen a la elocuencia de las pasiones.

Una consecuencia de estas últimas reflexiones es que sin la escritura, una sociedad no toma nunca una forma fija de gobierno, donde la fuerza es un efecto del todo y no de las partes y donde las leyes, inalterables salvo por la voluntad general, no se corrompan al pasar por la multitud de los intereses privados. La experiencia y la razón nos han hecho ver que la probabilidad y la certeza de las tradiciones humanas disminuyen a medida que se alejan de la fuente. Porque si no existe un monumento estable del pacto social, ¿cómo pueden resistir las leyes a la fuerza inevitable del tiempo y las pasiones?

De ello se desprende qué útil es la imprenta, que hace al público, y no a unos pocos, depositario de las santas leyes, y cuánto disipó ese espíritu tenebroso de cábala y de intriga que desaparece de cara a las luces y las ciencias aparentemente despreciadas pero en realidad temidas por sus seguidores. Ésta es la razón por la que vemos disminuida en Europa la atrocidad de los delitos que hacía sufrir a nuestros antiguos padres, los que se convertían alternativamente en tiranos y esclavos. Quien conoce la historia de dos o tres siglos atrás, y la nuestra, podrá ver cómo del seno del lujo y de la blandura nacieron las más dulces virtudes, la humanidad, la beneficencia, la tolerancia de los errores humanos. Verá cuáles fueron los efectos de lo que se denomina erróneamente antigua simplicidad y buena fe: la humanidad que sufre bajo la implacable superstición, la avaricia, la ambición de pocos que tiñe de sangre humana las arcas del oro y los tronos de los reyes, las ocultas traiciones, las matanzas públicas, cada noble un tirano de la plebe, los ministros de la verdad evangélica ensuciándose con sangre las manos que cada día tocaban al Dios de la mansedumbre, no son la obra de este siglo iluminado, que algunos llaman corrupto.

VI

Proporción entre los delitos y las penas

No sólo es interés común que no se cometan delitos, sino que sean más raros en proporción al mal que acarrean a la sociedad. Entonces, deben ser más fuertes los obstáculos que alejen a los hombres de los delitos en tanto contrarios al bien público, y proporcionales a los impulsos que los llevan a los delitos. Así, debe existir una proporción entre los delitos y las penas.[26]

Es imposible prevenir todos los desórdenes en la lucha universal de las pasiones humanas. Ellos crecen en razón compuesta[27] de la población y del entrecruzamiento de los intereses particulares que no es posible dirigir geométricamente a la utilidad pública. En la aritmética política se debe reemplazar la exactitud matemática por el cálculo de las probabilidades. Si se echa una mirada a las historias se ven crecer los desórdenes con los confines de los imperios y, al disminuir en la misma proporción el sentimiento nacional, crece el impulso hacia los delitos en razón del interés que tiene cada uno en los desórdenes mismos: es así que aumenta cada vez más la necesidad de agravar las penas.

Esa fuerza semejante a la gravedad, que nos impulsa a nuestro bienestar, sólo se demora en la medida de los obstáculos que se le oponen. Los efectos de esa fuerza son la confusa serie de las acciones humanas: si éstas chocan entre sí y se ofenden, las penas, que yo denominaría *obstáculos políticos*, impiden su efecto negativo sin destruir la causa impelente, que es la sensibilidad misma inseparable del hombre, y el legislador actúa como el hábil arquitecto cuyo oficio es oponerse a las direcciones ruinosas de la gravedad y hacer que colaboren aquellas que contribuyen a la fuerza del edificio.

Dada la necesidad de la reunión de los hombres, dados los pactos, que resultan necesariamente de la oposición misma de los intereses privados, se encuentra una escala de desórdenes, de los cuales el primer grado consiste en aquellos que destruyen inmediatamente la sociedad, y el último en la mínima injusticia posible hecha a los miembros privados de la sociedad. Entre estos extremos están comprendidas todas las acciones opuestas al bien público, que se denominan delitos, y todas van decreciendo por grados insensibles, del más elevado al más ínfimo. Si la geometría fuese adaptable a las infinitas y oscuras combinaciones de las acciones humanas, debería existir una escala correspondiente de penas, que descendiera de la más fuerte a la más débil; pero bastará al sabio legislador señalar los puntos principales, sin perturbar el orden, no decretando para los delitos del primer grado las penas del último. Si existiera una escala exacta y universal de las penas y los delitos, tendríamos una medida probable y común de los grados de tiranía y de libertad, del fondo de humanidad o de malicia de las diversas naciones.

Cualquier acción no comprendida entre los dos límites antes mencionados no puede ser denominada *delito*, o castigada como tal, salvo por aquellos que encuentran su interés al así denominarla. La incertidumbre de estos límites ha producido en las naciones una moral que contradice la legislación; legislaciones más actuales que se excluyen recíprocamente; una multitud de leyes que exponen al más sabio a las penas más rigurosas, ha vuelto vagos y fluctuantes los nombres de *vicio* y *virtud*, y ha nacido la incertidumbre de la propia existencia, que produce el letargo y el sueño fatal en los cuerpos políticos. Todo el que lea con ojos filosóficos los códigos de las naciones y sus anales, hallará casi siempre los nombres de *vicio* y de *virtud*, de *buen ciudadano* o de *reo* que cambian con las revoluciones de los siglos, no en razón de las mutaciones que se producen en las circunstancias de los países, y en consecuencia siempre conformes al interés común, sino en razón de las pasiones y los errores que sucesivamente agitaron a los diferentes legisladores. Verá con mucha frecuencia que las pasiones de un siglo son la base de la moral de los siglos futuros, que las pasiones fuertes, hijas del fanatismo y del entusiasmo, debilitadas y, por así decir, roídas por el tiempo, que reduce todos los fenómenos físicos y morales al equilibrio, se convierten poco a poco en la prudencia del siglo y en el instrumento útil en mano del fuerte y del astuto. De este modo nacieron las oscurísimas nociones de honor y de virtud, y tal son porque cambian con las revoluciones del tiempo que hace que los nombres sobrevivan a las cosas, cambian con los ríos y las montañas que son a menudo los confines, no sólo de la geografía física sino también de la moral. Si el placer y el dolor son los motores de los seres sensibles, si entre los motivos que impulsan a los hombres aun a las operaciones más sublimes, fueron destinados por el invisible legislador el premio y la pena, de la inexacta distribución de ésta nacerá esa contradicción tanto menos observada cuanto más común de que las penas castigan los delitos a los que han dado vida. Si se destina una pena igual a dos delitos que ofenden de manera desigual a la sociedad, los hombres no hallarán un obstáculo más fuerte para cometer el mayor delito, si a él ven unida una mayor ventaja.

VII

Errores en la medida de las penas

Las reflexiones precedentes me dan el derecho a afirmar que la única y verdadera medida de los delitos es el daño hecho a la nación, pero erraron aquellos que creyeron que la verdadera medida de los delitos era la intención de quien los cometía. Ésta depende de la impresión actual de los objetos y de la precedente disposición de la mente: varían en todos y en cada hombre, con la velocísima sucesión de ideas, pasiones y circunstancias. Sería entonces necesario formar no sólo un código particular para cada ciudadano, sino una nueva ley para cada delito. Algunas veces los hombres, con la mejor intención, hacen el mayor mal a la sociedad; y otras veces, con la peor voluntad le hacen el mayor bien.

Otros miden los delitos más por la dignidad de la persona ofendida que por la importancia de ellos respecto del bien público. Si ésta fuera la verdadera medida de los delitos, una irreverencia al Ser de los seres debería castigarse más atrozmente que el asesinato de un monarca; la superioridad de la naturaleza es una compensación infinita para la diferencia de la ofensa.[28]

Finalmente, algunos pensaron que la gravedad del pecado entraba en la medida de los delitos. La falacia de esta opinión resalta a los ojos de un indiferente examinador de las verdaderas relaciones entre hombres y hombres, y entre hombres y Dios. Las primeras son relaciones de igualdad. La sola necesidad ha hecho nacer del choque de las pasiones y de las oposiciones de los intereses la idea de *utilidad común*, que es la base de la justicia humana: las segundas son relaciones de dependencia de un Ser perfecto y creador, que se ha reservado para sí solamente el derecho de ser legislador y juez al mismo tiempo, porque sólo él puede serlo sin inconveniente. Si ha establecido penas eternas al que desobedece su omnipotencia, ¿cuál será el insecto que ose suplir la divina justicia, que desee vengar al Ser que se basta a sí mismo, que no puede recibir de los objetos impresión alguna de placer o de dolor, y que solo entre todos los seres actúa sin reacción? La gravedad del pecado depende de la inescrutable malicia del corazón. Ésta no puede ser conocida por los seres finitos sin revelación. Entonces, ¿cómo se puede derivar de ella la norma para castigar los delitos? En este caso, los hombres podrían castigar cuando Dios perdona, y perdonar cuando Dios castiga. Si los hombres pueden estar en contradicción con el Todopoderoso al ofenderlo, también pueden estarlo respecto de castigar.

VIII

División de los delitos

Hemos visto cuál es la verdadera medida de los delitos, es decir, *el daño para la sociedad*. Ésta es una de esas verdades palpables que, si bien no se necesitan ni cuadrantes ni telescopios para descubrirlas sino que están al alcance de todo intelecto mediocre, por una maravillosa combinación de circunstancias no son conocidas con decidida seguridad sino por unos pocos pensadores, hombres de cada nación y de cada siglo. Pero las opiniones asiáticas,[29] y las pasiones investidas de autoridad y de poder, la mayor parte de las veces por impulsos insensibles, algunas pocas por violentas impresiones sobre la tímida credulidad de los hombres, han disipado las simples nociones, que tal vez formaban la primera filosofía de las sociedades nacientes y a la cual la luz de este siglo parece remitirnos, pero con esa mayor firmeza que pueden suministrar un examen geométrico, mil funestas experiencias y los obstáculos mismos. Ahora el orden nos conduciría a examinar y distinguir todas las diferentes clases de delitos y la manera de castigarlos, pero la variable naturaleza de ellos en las diversas circunstancias de los siglos y los lugares nos obligaría a un análisis extenso y aburrido. Me bastará indicar los principios más generales y los errores más funestos y comunes para desengañar a aquellos que por un mal entendido amor por la libertad desearían introducir la anarquía, tanto como a aquellos a los que les agradaría reducir a los hombres a una regularidad claustral.

Algunos delitos destruyen inmediatamente a la sociedad, o a quien la representa; algunos ofenden la seguridad privada de un ciudadano en la vida, en los bienes o en el honor; algunos otros son acciones contrarias a lo que cada uno está obligado por las leyes a hacer, o a no hacer, en vista del bien público. Los primeros, que son los delitos máximos, por ser los más perjudiciales, son los que se denominan de lesa majestad. Sólo la tiranía y la ignorancia, que confunden los vocablos y las ideas más claras, pueden darles ese nombre, y por consecuencia la máxima pena, a delitos de diferente naturaleza, y hacer así a los hombres, como en mil otras ocasiones, víctimas de una palabra. Todo delito, aun privado, ofende a la sociedad, pero todo delito no intenta la inmediata destrucción de la sociedad. Las acciones morales, como las físicas, tienen su esfera limitada de actividad y están diversamente circunscriptas, como todos los movimientos de la naturaleza, del tiempo y del espacio; pero sólo la interpretación sofística, que por lo común es la filosofía de la esclavitud, puede confundir lo que fue distinguido por la eterna verdad con relaciones inmutables.

Después de éstos siguen los delitos contrarios a la seguridad de cada particular.[30] Al ser éste el fin primario de toda asociación legítima, no puede no asignarse a la violación del derecho de seguridad adquirido por cada ciudadano alguna de las penas más considerables establecidas por las leyes.

La opinión que debe tener todo ciudadano de que puede hacer todo lo que no es contrario a las leyes, sin temer otro inconveniente que el que puede nacer de la acción misma, es el dogma político que debería ser creído por los pueblos y predicado por los magistrados supremos con la custodia incorrupta de las leyes; dogma sagrado, sin el cual no puede existir sociedad legítima, justa recompensa del sacrificio hecho por los hombres de esa acción universal sobre todas las cosas que es común a todo ser sensible, y limitada sólo por las propias fuerzas. Esto forma las almas libres y vigorosas y las mentes esclarecedoras, hace virtuosos a los hombres, pero con esa virtud que sabe resistir al temor, y no con esa plegable prudencia, digna sólo de quien puede sufrir una existencia precaria e incierta. Los atentados contra la seguridad y la libertad de los ciudadanos, entonces, son uno de los mayores delitos, y a esa clase pertenecen no sólo los asesinatos y los hurtos de los hombres plebeyos sino también los de los grandes y los magistrados, la influencia de los cuales actúa a una mayor distancia y con mayor vigor, destruyendo en los súbditos las ideas de justicia y de deber, y sustituyéndolas por la del derecho del más fuerte, peligroso por igual en quien lo ejerce y en quien lo sufre.

IX

Del honor

Existe una notable contradicción entre las leyes civiles, custodias celosas sobre todo del cuerpo y de los bienes de cada ciudadano, y las leyes de lo que se denomina *honor*, que prefiere la opinión. Esta palabra *honor* es una de aquellas que han servido de base a largos y brillantes razonamientos, sin atribuirle ninguna idea fija y estable. ¡Lamentable condición de las mentes humanas que las ideas lejanísimas y menos importantes sobre la revolución de los cuerpos celestes estén presentes con más clara cognición que las cercanas e importantísimas nociones morales, fluctuantes siempre y confusas cuando las impulsan los vientos de las pasiones y las recibe y las transmite la ignorancia guiada! Pero desaparece la aparente paradoja si se considera que como los objetos demasiado cercanos a los ojos se confunden, así la excesiva cercanía de las ideas morales hace que fácilmente se mezclen las muchísimas ideas simples que las componen, y se confundan las líneas de separación necesarias al espíritu geométrico que desea medir los fenómenos de la sensibilidad humana. Y mengua del todo la sorpresa del indiferente indagador de las cosas humanas, que sospecha que por ventura no hay necesidad de tanto aparato de moral ni de tantos vínculos para hacer felices y seguros a los hombres.

Este *honor* es, entonces, una de esas ideas complejas que son un agregado no sólo de ideas simples, sino también de ideas igualmente complicadas, que al asomarse de manera variada a la mente tanto admiten como excluyen algunos de los diversos elementos que las componen; sólo conservan algunas pocas ideas comunes, como muchas cantidades algebraicas complejas admiten un divisor común. Para hallar ese divisor común en las diversas ideas que los hombres se forman del *honor* es necesario echar una mirada rápida a la formación de la sociedad. Las primeras leyes y los primeros magistrados nacieron de la necesidad de reparar los desórdenes del despotismo físico de cada hombre; éste fue el fin que instituyó la sociedad, y este fin primario siempre se ha conservado, realmente o en apariencia, a la cabeza de todos los códigos, aun destructores; pero el acercamiento de los hombres y el progreso de sus cogniciones han hecho nacer una infinita serie de acciones y necesidades recíprocas, siempre superiores a la disposición de las leyes e inferiores al actual poder de cada uno. Desde esa época empezó el despotismo de la opinión, que era el único medio para obtener de los otros esos bienes, y alejar esos males, que las leyes no alcanzaban a proveer. Y la opinión es la que atormenta al sabio y al vulgar, lo que le da mayor crédito a la apariencia de la virtud que a la virtud misma, que hace convertir en misionario aun al perverso, porque en ello encuentra el propio interés. Por lo tanto, los sufragios[31] de los hombres se tornaron no sólo útiles sino también necesarios, para no caer por debajo del nivel común. Así, si el ambicioso los conquista como útiles, si el vano los va mendigando como testimonio del propio mérito, se ve que el hombre de honor los exige como necesarios. Este *honor* es una condición que muchísimos hombres imponen a la propia existencia. Nacido después de la formación de la sociedad, no pudo ser puesto en el depósito común, antes bien se trata de un instantáneo retorno al estado natural y una sustracción momentánea de la propia persona de aquellas leyes que en ese caso no defienden en grado suficiente a un ciudadano.

Entonces, en la extrema libertad política y en la extrema dependencia desaparecen las ideas del honor, o se confunden perfectamente con otras, porque en la primera el despotismo de las leyes hace inútil la búsqueda de los sufragios ajenos; en la segunda, porque el despotismo de los hombres, al anular la existencia civil, los reduce a una personalidad precaria y momentánea. El honor es, entonces, uno de los principios fundamentales de esas monarquías que son un despotismo disminuido, y en ellas son lo que en los estados despóticos las revoluciones, un momento de retorno al estado de naturaleza[32] y un recuerdo del patrón de la antigua igualdad.

X

De los duelos

De esta necesidad de los sufragios ajenos nacieron los duelos privados, que justamente tuvieron origen en la anarquía de las leyes. Se los pretende desconocidos en la antigüedad, tal vez porque los antiguos no se reunían sospechosamente armados en los templos, en los teatros y con los amigos; tal vez porque el duelo era un espectáculo ordinario y común que los gladiadores esclavos y envilecidos daban al pueblo, y los hombres libres desdeñaban que se los creyera y llamara gladiadores por las luchas privadas. En vano los edictos de muerte contra todo el que acepta un duelo han tratado de extirpar esta costumbre, que tiene sus fundamentos en lo que algunos hombres temen más que la muerte, porque si se lo priva de los sufragios ajenos, el hombre de honor se prevé expuesto a convertirse en un ser meramente solitario, estado insufrible para un hombre sociable, o en el blanco de los insultos y de la infamia, que con su acción repetida superan el peligro de la pena. ¿Por qué motivo el pueblo inferior no realiza duelos como los grandes? No sólo porque está desarmado, sino porque la necesidad de los sufragios ajenos es menos común en la plebe que en aquellos que, al ser más elevados, se cuidan con mayor recelo y esmero.

No es inútil repetir lo que otros han escrito, es decir, que el mejor método para prevenir este delito es castigar al agresor, es decir, al que ha dado ocasión al duelo, declarando inocente al que sin culpa se ha visto obligado a defender lo que las leyes actuales no aseguran, esto es, la opinión, y ha debido mostrar a sus conciudadanos que él teme a las leyes y no a los hombres.

XI

De la tranquilidad pública

Finalmente, entre los delitos de la tercera especie[33] están particularmente aquellos que turban la tranquilidad pública y la calma de los ciudadanos, como los estrépitos y los festejos en las vías públicas destinadas al comercio y al paseo de los ciudadanos, como los sermones fanáticos, que excitan las fáciles pasiones de la multitud curiosa, que cobran fuerza por la reiteración de los sermones y más por el entusiasmo oscuro y misterioso que por la razón clara y tranquila, que nunca actúa sobre una gran masa de hombres. La noche iluminada con gastos públicos, los guardias distribuidos en las diferentes partes de la ciudad, los simples y morales discursos de la religión reservados al silencio y a la sagrada tranquilidad de los templos protegidos por la autoridad pública, las arengas destinadas a sostener los intereses privados y públicos en las reuniones de la nación, en los parlamentos o donde resida la majestad del soberano, son todos medios eficaces para prevenir la peligrosa condensación de las pasiones populares. Éstos forman una rama principal de la vigilancia del magistrado, que los franceses denominan *police*; pero si ese magistrado actúa con leyes arbitrarias y no establecidas por un código que circula entre las manos de todos los ciudadanos, se abre una puerta a la tiranía, que siempre circunda todos los confines de la libertad política. Yo no encuentro excepción alguna a este axioma general de que cada ciudadano debe saber cuándo es reo o cuándo es inocente.[34] Si los censores, y en general los magistrados arbitrarios, son necesarios en algún gobierno, ello se origina en la debilidad de su constitución, y no en la naturaleza del gobierno bien organizado. La incertidumbre de la propia suerte ha sacrificado más víctimas a la oscura tiranía que la crueldad pública y solemne. Más que envilecerlos, ella turba los ánimos. El verdadero tirano empieza siempre por reinar sobre la opinión, impidiendo el coraje, que sólo puede resplandecer a la clara luz de la verdad, en el fuego de las pasiones o en la ignorancia del peligro.

¿Pero cuáles son las penas convenientes para estos delitos? ¿Es la muerte una pena verdaderamente *útil* y *necesaria* para la seguridad y el buen orden de la sociedad? La tortura y los tormentos, ¿son *justos* y obtienen *el fin* que se proponen las leyes? ¿Cuál es la mejor manera de prevenir los delitos? ¿Las mismas penas son igualmente útiles en todos los tiempos? ¿Qué influencia tienen sobre las costumbres? Estos problemas merecen que se los resuelva con esa precisión geométrica a la que la niebla de los sofismas, la seductora elocuencia y la tímida duda no pueden resistir. Si yo no tuviese otro mérito que el de haber sido el primero en presentar en Italia con alguna mayor evidencia lo que otras naciones han osado escribir y comienzan a practicar, me estimaría afortunado; pero si al sostener los derechos de los hombres y de la invencible verdad contribuyera a arrancar de los espasmos y de las angustias de la muerte a alguna víctima desafortunada de la tiranía o de la ignorancia, igualmente fatal, las bendiciones o las lágrimas aun de un solo inocente en los transportes de la alegría me consolarían del desprecio de los hombres.

XII

Fin de las penas

Por la simple consideración de las verdades expuestas hasta aquí es evidente que el fin de las penas no es atormentar y afligir a un ser sensible, ni deshacer un delito ya cometido. ¿Puede un cuerpo político que, bien lejos de actuar por pasión, es el tranquilo moderador de las pasiones particulares, puede albergar esta inútil crueldad, instrumento del furor y del fanatismo o de los tiranos débiles? ¿Acaso los gritos de un infeliz reclaman del tiempo que no vuelve las acciones ya consumadas? El fin, entonces, no es otro que impedirle al reo cometer nuevos daños a sus ciudadanos y alejar a los otros de cometer daños iguales. Se deben elegir, entonces, esas penas, y ese método para infligirlas, que, mantenida la proporción, causen una impresión más eficaz y duradera en el ánimo de los hombres, y la menos tormentosa en el cuerpo del reo.

XIII

De los testigos

Es un punto considerable en toda buena legislación determinar con exactitud la credibilidad de los testigos y las pruebas del delito. Es decir, todo hombre razonable que tenga cierta conexión en las propias ideas y cuyas sensaciones sean conformes a las de los otros hombres, puede ser testigo. La verdadera medida de su credibilidad no es otra que el interés que él tiene de decir o no la verdad, por eso parece frívolo el motivo de la debilidad en las mujeres, pueril la aplicación de los efectos de la muerte real a la civil[35] en los condenados, e incoherente la nota de infamia en los infames cuando no tienen interés alguno en mentir. La credibilidad, entonces, debe disminuir en proporción al odio, o a la amistad, o a las relaciones estrechas que hay entre él y el reo. Es necesario más de un testigo, porque mientras uno afirma y el otro niega, nada hay de cierto y predomina el derecho que tiene cada uno de ser creído inocente.[36] La credibilidad de un testigo se torna sensiblemente menor cuanto más crece la atrocidad de un delito[37] o la inverosimilitud de las circunstancias; tales son, por ejemplo, la magia y las acciones gratuitamente crueles. Es más probable que la mayoría de los hombres mientan en la primera acusación, porque es más fácil que se combine en ellos la ilusión de la ignorancia o el odio perseguidor que el hecho de que un hombre ejerza una potestad que Dios no le ha dado o le ha quitado a todo ser creado.[38] Otro tanto en la segunda, porque el hombre no es cruel sino en la proporción del propio interés, del odio o del temor concebido. En realidad no existe sentimiento superfluo alguno en el hombre; el sentimiento es siempre proporcional al resultado de las impresiones causadas sobre los sentidos. Del mismo modo, la credibilidad de un testigo alguna vez puede verse disminuida cuando él es miembro de alguna sociedad privada cuyos usos y máximas no son bien conocidos o son diferentes de los públicos. Un hombre tal no tiene sólo las propias pasiones sino también las ajenas.

Finalmente, es casi nula la credibilidad del testigo cuando se hace un delito de las palabras,[39] ya que el tono, el gesto, todo lo que precede y lo que sigue a las diferentes ideas que los hombres atribuyen a las mismas palabras alteran y modifican de tal modo los dichos de un hombre que es casi imposible repetirlas precisamente como fueron pronunciadas. Además, las acciones violentas y fuera del uso ordinario, como son los verdaderos delitos, dejan rastros de sí en la multitud de las circunstancias y en los efectos que de ellas derivan, pero las palabras sólo quedan en la memoria en general infiel y a menudo confundida de los oyentes. Así, es muchísimo más fácil una calumnia acerca de las palabras que de las acciones de un hombre, porque de éstas, cuanto mayor número de circunstancias se aducen como prueba, tantos mayores medios se le suministran al reo para que se justifique.

XIV

Indicios y formas de juicios

Existe un teorema general muy útil para calcular la certeza de un hecho, por ejemplo la fuerza de los indicios de un delito. Cuando las pruebas de un hecho dependen una de otra, es decir, cuando los indicios sólo se prueban entre sí, cuantas mayores pruebas se aducen tanto menor es la probabilidad del hecho, porque los casos que harían faltar las pruebas antecedentes hacen faltar las subsiguientes. Cuando las pruebas de un hecho dependen todas por igual de una sola, el número de las pruebas no aumenta ni disminuye la probabilidad del hecho, porque todo su valor se resuelve en el valor de aquella sola de la cual dependen. Cuando las pruebas son independientes entre sí, es decir, cuando los indicios sólo se prueban por sí mismos, cuantas mayores pruebas se aducen, tanto más crece la probabilidad del hecho, porque la falacia de una prueba no influye sobre la otra. Yo hablo de probabilidad en materia de delitos, que para merecer pena deben ser ciertos. Pero desaparece la paradoja para el que considera que en rigor la certeza moral no es más que una probabilidad, pero probabilidad tal que es llamada certeza, porque todo hombre de buen sentido la acepta necesariamente por un hábito nacido de la necesidad de actuar, anterior a toda especulación; la certeza que se requiere para aseverar que un hombre es reo es aquella que determina cada hombre en las operaciones más importantes de la vida. Pueden distinguirse las pruebas de un delito en perfectas e imperfectas. Llamo perfectas a las que excluyen la posibilidad de que alguien no sea reo, llamo imperfectas a aquellas que no la excluyen. De las primeras, aun una sola es suficiente para la condena, de las segundas son necesarias tantas como basten para formar una perfecta, vale decir que si por alguna de éstas en particular es posible que alguien no sea reo, por la unión de ellas en el mismo tema es imposible que no lo sea. Nótese que las pruebas imperfectas de las cuales puede justificarse el reo y no lo hace debidamente, se vuelven perfectas. Pero esta certeza moral de las pruebas es más fácil de sentir que de definir con exactitud.[40] Por lo tanto, creo que es óptima la ley que establece asesores al juez principal tomados al azar, y no elegidos, porque en ese caso es más segura la ignorancia que juzga por sentimiento que la ciencia que juzga por opinión. Donde las leyes son claras y precisas, el oficio de un juez no consiste en otra cosa que verificar un hecho. Si buscar las pruebas de un delito requiere habilidad y destreza, si para presentar el resultado se necesita claridad y precisión, para juzgar el resultado mismo no se requiere más que un simple y ordinario buen sentido, menos falaz que el saber de un juez habituado a querer encontrar reos y que lo reduce todo a un sistema artificial derivado de sus estudios. ¡Feliz aquella nación donde las leyes no fueran una ciencia! Es ley utilísima que cada hombre sea juzgado por sus pares, porque donde se trata de la libertad y de la fortuna de un ciudadano, deben callar esos sentimientos que inspira la desigualdad: esa superioridad con que el hombre afortunado mira al infeliz, ese desdén con que el inferior mira al superior, no pueden actuar en este juicio. Pero cuando el delito es la ofensa de un tercero, entonces los jueces deberían ser mitad pares del reo, mitad pares del ofendido; así, balanceado todo interés privado que modifica aun involuntariamente las apariencias de los objetos, hablan sólo las leyes y la verdad. Es conforme a la justicia que el reo pueda excluir hasta cierto punto a aquellos que le resultan sospechosos; y si se le concede eso sin inconvenientes por algún tiempo, parecerá que el reo se condena a sí mismo.[41] Que sean públicos los juicios, y públicas las pruebas del delito, para que la opinión, que tal vez sea el único cimiento de las sociedades, imponga un freno a la fuerza y a las pasiones, para que el pueblo diga nosotros no somos esclavos y somos defendidos, sentimiento que inspira coraje y que equivale a un tributo para un soberano que entiende sus verdaderos intereses. No mencionaré otros detalles y cautelas que requieren instituciones semejantes. Nada habría dicho si fuese necesario decirlo todo.

XV

Acusaciones secretas

Desórdenes evidentes pero consagrados y en muchas naciones necesarios por la debilidad de la constitución,[42] son las acusaciones secretas. Tal costumbre vuelve a los hombres falsos y simuladores. Todo el que puede sospechar que ve en otro un delator, ve en él a un enemigo. Los hombres se disponen entonces a enmascarar los propios sentimientos y, con la costumbre de esconderlos a los otros, llegan por último a escondérselos a sí mismos. Infelices los hombres cuando han llegado a eso: desprovistos de principios claros e inmóviles que los guíen, vagan perdidos y fluctuantes en el vasto mar de las opiniones, siempre ocupados de salvarse de los monstruos que los amenazan; pasan el momento presente siempre amargados por la incertidumbre del futuro; privados de los placeres duraderos de la tranquilidad y la seguridad, apenas algunos pocos dispersos acá y allá en su vida triste, devorados con prisa y desorden, los consuelan de haber vivido. ¿Y de esos hombres haremos nosotros los intrépidos soldados defensores de la patria o del trono? ¿Y entre ellos hallaremos a los incorruptos magistrados que con libre y patriótica elocuencia sostengan y desarrollen los verdaderos intereses del soberano, que lleven al trono con los tributos el amor y las bendiciones de todos los estratos de hombres, y del trono transmitan a los palacios y las chozas la paz, la seguridad y la industriosa esperanza de mejorar la suerte, útil fermento y vida de los Estados?

¿Quién puede defenderse de la calumnia cuando ésta se encuentra armada con el escudo más fuerte de la tiranía, el *secreto*? ¿Qué clase de gobierno es aquel donde el que rige sospecha en cada uno de sus súbditos un enemigo y se ve obligado, en nombre de la paz pública, a negarle ésta a cada ciudadano? ¿Cuáles son los motivos por los que se justifican las acusaciones y las penas secretas? ¿La salud pública, la seguridad y el mantenimiento de la forma de gobierno? ¿Pero qué extraña constitución aquella donde quien tiene para sí la fuerza, y la opinión más eficaz que ella, teme a cada ciudadano? ¿La indemnidad del acusador? Las leyes, entonces, no lo defienden lo suficiente. ¡Y debe haber súbditos más fuertes que el soberano! ¿La infamia del delator? ¡Entonces se autoriza la calumnia secreta y se castiga la pública! ¿La naturaleza del delito? Si las acciones indiferentes, si aun las útiles al público se llaman delitos, las acusaciones y los juicios no son nunca bastante secretos. ¿Puede haber delitos, es decir, ofensas públicas, y que al mismo tiempo no sea de interés de todos la publicidad del ejemplo, o sea la del juicio? Yo respeto a todos los gobiernos y no hablo de ninguno en particular; tal es a veces la naturaleza de las circunstancias que puede creerse la ruina extrema quitar un mal cuando es inherente al sistema de una nación; pero si debiera dictar nuevas leyes, en cualquier rincón abandonado del universo, antes de autorizar tal costumbre me temblaría la mano y tendría a toda la posteridad ante los ojos.

Ya ha sido dicho por el señor de Montesquieu[43] que las acusaciones públicas son más conformes a la república, donde el bien público debería ser la primera pasión de los ciudadanos, que en la monarquía, donde este sentimiento es debilísimo por la naturaleza misma del gobierno, donde es óptima disposición destinar comisarios que en nombre del público acusen a los infractores de las leyes. Pero todo gobierno, republicano y monárquico, debe darle al calumniador la pena que le correspondería al acusado.

XVI

De la tortura[44]

Una crueldad consagrada por el uso en la mayor parte de las naciones es la tortura del reo mientras se forma el proceso, sea para obligarlo a confesar un delito, o por las contradicciones en las que incurre, o para el descubrimiento de los cómplices, o por no sé qué metafísica e incomprensible purgación de infamia, o finalmente por otros delitos de los cuales podría ser reo, pero de los cuales no es acusado.

Un hombre no puede ser llamado *reo* antes de la sentencia del juez, ni la sociedad puede quitarle la protección pública, salvo cuando se decide que él violó los pactos con los cuales le fue acordada. ¿Cuál es ese derecho, sino el de la fuerza, que le otorga potestad a un juicio para darle una pena a un ciudadano mientras se duda de que sea reo o inocente? No es nuevo este dilema: el delito es cierto o incierto; si es cierto, no le conviene otra pena que la establecida por las leyes, e inútiles son los tormentos, porque es inútil la confesión del reo; si es incierto, y no se debe torturar a un inocente, porque tal es según las leyes un hombre cuyos delitos no están probados. Pero yo agrego más, que es desear confundir todas las relaciones exigir que un hombre sea al mismo tiempo acusador y acusado, que el dolor se convierta en el crisol de la verdad, como si el criterio de ella residiera en los músculos y las fibras de un miserable. Éste es el medio seguro para absolver a los robustos perversos y condenar a los débiles inocentes. Éstos son los inconvenientes fatales de este pretendido criterio de verdad, pero criterio digno de un caníbal, que los romanos, bárbaros también ellos por más de un título, reservaban sólo a los esclavos, víctimas de una virtud feroz y demasiado elogiada.

¿Cuál es el fin político de las penas? El terror de los otros hombres. ¿Pero qué juicio debemos dar de las carnicerías secretas y privadas, que la tiranía suele ejercer sobre los reos y los inocentes? Es importante que todo delito evidente no quede impune, pero es inútil que se verifique que cometió un delito un hombre que está sepultado en las tinieblas.[45] Un mal ya hecho, y para el que no hay remedio, no puede ser castigado por la sociedad política sino cuando influye sobre los otros con el atractivo de la impunidad. Si es verdad que es mayor el número de los hombres que por temor o por virtud respetan las leyes que aquellos que las infringen, el riesgo de torturar a un inocente debe valorarse tanto más cuanto mayor es la probabilidad, siendo todo lo demás igual, de que un hombre las haya respetado más que despreciado.[46]

Otro ridículo motivo de la tortura es la purgación de la infamia, es decir, un hombre juzgado infame por las leyes debe confirmar su declaración con la dislocación de sus huesos. Este abuso no debería tolerarse en el siglo XVIII. Se cree que el dolor, que es una sensación, purga la infamia, que es una mera relación moral. ¿Acaso es un crisol? ¿Acaso la infamia es un cuerpo mixto impuro? No es difícil remontarse al origen de esta ridícula ley, porque los mismos absurdos adoptados por una nación entera siempre tienen alguna relación con otras ideas comunes y respetadas por la misma nación. Esa costumbre parece tomada de las ideas religiosas y espirituales, que tanta influencia tienen sobre los pensamientos de los hombres, sobre las naciones y sobre los siglos. Un dogma infalible nos asegura que las manchas contraídas por la debilidad humana y que no han merecido la ira eterna del gran Ser, deben ser purgadas por un fuego incomprensible; la infamia es una mancha civil, y como el dolor y el fuego quitan las manchas espirituales e incorpóreas, ¿por qué los espasmos de la tortura no quitan la mancha civil que es la infamia? Yo creo que la confesión del reo, que en algunos tribunales se exige como esencial para la condena, tiene un origen no diferente, porque en el misterioso tribunal de penitencia la confesión de los pecados es parte esencial del sacramento. Es así que los hombres abusan de las luces más seguras de la revelación; y como éstas son las únicas que subsisten en los tiempos de ignorancia, a ellas recurre la dócil humanidad en todas las ocasiones y hace de ellas las aplicaciones más absurdas y lejanas. Pero la infamia es un sentimiento no sujeto ni a las leyes ni a la razón, sino a la opinión común. La misma tortura causa una infamia real al que es su víctima. Entonces, con ese método se quita la infamia dando infamia.

El tercer motivo es la tortura que se aplica a los supuestos reos que en su examen caen en contradicción, como si el temor de la pena, la incertidumbre del juicio, el aparato y la majestad del juez, la ignorancia, común a casi todos los perversos y a los inocentes, probablemente no debieran hacer caer en contradicción tanto al inocente que teme como al reo que trata de cubrirse; como si las contradicciones comunes a los hombres cuando están tranquilos no debieran multiplicarse en la turbación del ánimo totalmente absorto en el pensamiento de salvarse del peligro inminente.

Ese infame crisol de la verdad es un monumento aún existente de la legislación antigua y salvaje, cuando eran llamadas *juicios* de Dios las pruebas del fuego y del agua hirviente y la suerte incierta de las armas, como si los anillos de la cadena eterna, que está en el seno de la primera razón,[47] a cada momento debieran ser desordenados y desconectados por las frívolas disposiciones humanas. La única diferencia entre la tortura y las pruebas del fuego y del agua hirviente es que el resultado de la primera parece depender de la voluntad del reo, y de las segundas de un hecho puramente físico y extrínseco: pero esta diferencia es sólo aparente y no real. Es así tan poco libre decir la verdad entre los espasmos y los dolores como era entonces impedir sin engaño los efectos del fuego y del agua hirviente. Cada acto de nuestra voluntad siempre es proporcional a la fuerza de la impresión sensible, que es su fuente; y la sensibilidad de cada hombre es limitada. Entonces, la impresión del dolor puede crecer a tal punto que, ocupándola toda, no deje libertad alguna al torturado de elegir el camino más corto para el momento presente, para sustraerse a la pena. Así, la respuesta del reo es tan necesaria como la impresión del fuego o del agua. El inocente sensible se declara reo cuando cree que de esa manera puede lograr que cese el tormento. Toda diferencia entre ellos desaparece por ese medio mismo, que se pretende empleado para hallarla. Es superfluo redoblar la luz citando los innumerables ejemplos de inocentes que se confesaron reos por los espasmos de la tortura; no existe nación, no existe época que no cite los suyos, pero ni los hombres cambian ni extraen las consecuencias. No hay hombre que haya impulsado sus ideas más allá de las necesidades de la vida, que alguna vez no corra hacia la naturaleza, que lo atrae con voces secretas y confusas; la costumbre, la tirana de las mentes, lo rechaza y lo asusta.[48] El resultado de la tortura es así un asunto de temperamento y de cálculo, que varía en cada hombre en proporción a su robustez y su sensibilidad; tanto que con ese método, un matemático resolvería mejor que un juez ese problema. Dada la fuerza de los músculos y la sensibilidad de las fibras de un inocente, hallar el grado de dolor que lo haga confesarse reo de un delito dado.

El examen de un reo se realiza para conocer la verdad, pero si esa verdad difícilmente se descubre en el aire, el gesto, la fisonomía de un hombre tranquilo, mucho menos se puede descubrir en un hombre al que las convulsiones del dolor le alteran todos los gestos, por los cuales del rostro de la mayoría de los hombres se deduce, a pesar de ellos, la verdad. Toda acción violenta confunde y hace desaparecer las mínimas diferencias de los objetos por los cuales se distingue a veces lo verdadero de lo falso.

Estas verdades fueron conocidas por los legisladores romanos, entre los cuales no se empleaba tortura alguna salvo con los esclavos, a los cuales se les quitaba toda personalidad; también en Inglaterra, nación donde la gloria de las letras, la superioridad del comercio y de las riquezas, y por lo tanto de la potencia, y los ejemplos de virtud y coraje no nos permiten dudar de la bondad de las leyes. La tortura ha sido abolida en Suecia,[49] abolida por uno de los más sabios monarcas de Europa,[50] que habiendo llevado la filosofía al trono, legislador amigo de sus súbditos, los hizo iguales y libres en la dependencia de las leyes, que es la única igualdad y libertad que los hombres razonables pueden exigir en las presentes combinaciones de cosas. La tortura no es considerada necesaria por las leyes de los ejércitos compuestos en su mayor parte por la hez de las naciones, que por eso parecería que deberían emplearla más que cualquier otro estrato. Extraña cosa, para quien no considera qué grande es la tiranía de la costumbre, que las pacíficas leyes deban aprender de los ánimos endurecidos a las matanzas y a la sangre el método más humano de juzgar. Por último, esta verdad es percibida, si bien confusamente, por aquellos mismos que de ella se alejan. No vale la confesión hecha durante la tortura si no es confirmada con juramento después de cesar la tortura, pero si el reo no confirma el delito, es torturado de nuevo. Algunos doctores y algunas naciones no permiten esta infame petición de principio[51] más que tres veces; otras naciones y otros doctores la dejan al arbitrio del juez: de modo tal que de dos hombres igualmente inocentes o igualmente reos, el robusto y valeroso es absuelto, el flaco y tímido condenado en vigor de este raciocinio exacto: *Yo, juez, debía hallaros reos de un determinado delito; tú, vigoroso, has sabido resistir al dolor, y por ello te absuelvo; tú, débil, has cedido, y por eso te condeno. Pienso que la confesión que se os ha arrancado entre tormentos no tendría fuerza alguna, pero yo os atormentaré de nuevo si no confirmáis lo que habéis confesado.*

Una extraña consecuencia que necesariamente deriva del uso de la tortura es que el inocente es puesto en peor condición que el reo; porque si a los dos se los somete al tormento, el primero tiene todas las combinaciones contrarias porque o confiesa el delito, y es condenado, o es declarado inocente, y ha sufrido una pena indebida; pero el reo tiene caso favorable para sí cuando, al resistir la tortura con firmeza, debe ser absuelto como inocente; ha cambiado una pena mayor por una menor. Entonces, el inocente sólo puede perder y el culpable puede ganar.

La ley que condena la tortura es la que dice: *Hombres, resistid el dolor, y si la naturaleza ha creado en vosotros un inextinguible amor propio, si os ha dado un inalienable derecho a vuestra defensa, yo creo en vosotros un afecto del todo contrario, es decir, un heroico odio por vosotros mismos, y os ordeno que os acuséis, diciendo la verdad aun entre los desgarramientos de los músculos y las dislocaciones de los huesos.*

Se aplica la tortura para descubrir si el reo lo es de otros delitos aparte de aquellos de los que es acusado, lo que equivale a este raciocinio: *Tú eres reo de un delito, entonces es posible que lo seas de cien otros delitos; me pesa esta duda, deseo verificarla con mi criterio de verdad; las leyes te atormentan porque eres reo, porque puedes ser reo, porque quiero que tú seas reo.*

Finalmente, la tortura se aplica a un acusado para descubrir a los cómplices de su delito; pero si se descubre que no es un medio oportuno para descubrir la verdad, ¿cómo puede servir para develar a los cómplices, que es una de las verdades a descubrir? Como si el hombre que se acusa a sí mismo no acusa más fácilmente a los otros. ¿Es justo atormentar a los hombres por el delito ajeno? ¿No se descubren los cómplices por el examen de los testigos, por el examen del reo, por las pruebas y por el cuerpo del delito, en suma, por todos esos mismos medios que deben servir para verificar el delito en el acusado? Los cómplices, en general, huyen inmediatamente después de la encarcelación del compañero, la incertidumbre de su suerte los condena por sí sola al exilio y libera a la nación del peligro de nuevas ofensas, mientras que la pena del reo encarcelado logra su único fin, es decir, alejar con el terror a los otros hombres de un delito semejante.

XVII

Del fisco

Hubo un tiempo en el cual casi todas las penas eran pecuniarias. Los delitos de los hombres eran el patrimonio del príncipe. Los atentados contra la seguridad pública eran un objeto de lujo. El que estaba destinado a defenderla tenía interés en verla ofendida. El objeto de las penas era entonces un litigio entre el fisco (recaudador de esas penas) y el reo; un asunto civil, contencioso,[52] privado más que público, que le daba al fisco otros derechos que los suministrados por la defensa pública y al reo otras culpas además de aquellas en las que había caído, por la necesidad del ejemplo. Así, el juez era un abogado del fisco más que un indiferente investigador de la verdad, un agente del erario fiscal antes que el protector y el ministro de las leyes. Pero como en ese sistema confesarse delincuente era confesarse deudor del fisco, que era el objetivo de los procedimientos criminales de entonces, así la confesión del delito, confesión preparada de manera que favoreciera y no dificultara las razones fiscales, devino y sigue siendo (los efectos continúan muchísimo después de las causas) el centro en torno del cual giran todos los mecanismos criminales. Sin ella un reo inculpado por pruebas indudables tiene una pena menor que la establecida, sin ella no sufre la tortura por otros delitos de la misma especie que pueda haber cometido. Con ella, el juez se apodera del cuerpo de un reo y lo atormenta con formalidades metódicas, para extraer como de un fondo adquirido todo el provecho posible. Probada la existencia del delito, la confesión es una prueba convincente, y para que esa prueba sea menos sospechosa con los espasmos y con la desesperación del dolor por la fuerza, se exige al mismo tiempo que una confesión extrajudicial[53] tranquila, indiferente, sin los temores prepotentes de un juicio tormentoso, que no basta para la condena. Se excluyen las investigaciones y las pruebas que esclarecen el hecho, pero que debilitan las razones del fisco; no es a favor de la desdicha y la debilidad que se les ahorra a veces los tormentos a los reos, sino a favor de las razones que podría perder este ente ahora imaginario e inconcebible. El juez se convierte en enemigo del reo, de un hombre encadenado, lanzado a la miseria, los tormentos, el futuro más terrible; no investiga la verdad del hecho, sino que busca en el prisionero el delito, y lo insidia, y cree perder si no lo logra, y no estar a la altura de esa infalibilidad que el hombre se arroga en todas las cosas. A la captura, los indicios están en poder del juez; para que uno demuestre ser inocente debe ser declarado reo primero: eso se denomina hacer un *proceso ofensivo*,[54] y tales son en casi todos los lugares de la iluminada Europa en el siglo XVIII los procedimientos criminales. El verdadero proceso, el *informativo*, es decir, la investigación indiferente del hecho, lo que la razón ordena, lo que las leyes militares adoptan, usado por el mismo despotismo asiático en los casos tranquilos e indiferentes, es muy poco empleado en los tribunales europeos. ¡Qué complicado laberinto de extraños absurdos, sin duda increíbles para la posteridad más feliz! Sólo los filósofos de ese tiempo leerán en la naturaleza del hombre la posible verificación de tal sistema.[55]

XVIII

De los juramentos

Surge una contradicción entre las leyes y los sentimientos naturales del hombre debido a los juramentos que se le exigen al reo para que sea un hombre veraz cuando tiene el máximo interés en ser falso; como si el hombre pudiera jurar que contribuirá a la propia destrucción, como si la religión no callara en la mayoría de los hombres cuando habla el interés. La experiencia de todos los siglos ha hecho ver que ellos, han abusado más que nada de ese precioso don del cielo. ¿Y por qué motivo deberían respetarla los perversos, si los hombres a los que se estima más sabios a menudo la han violado? Demasiado débiles, por estar demasiado lejos de los sentidos, son en su mayoría los motivos que la religión contrapone al tumulto del temor y al amor a la vida. Los asuntos del cielo se rigen con leyes diferentes que las que regulan los asuntos humanos. ¿Y para qué comprometer los unos con los otros? ¿Y por qué poner al hombre en la terrible contradicción de faltarle a Dios o de concurrir a su propia ruina?, porque la ley que obliga a tal juramento ordena ser mal cristiano o mártir. El juramento deviene poco a poco una simple formalidad, destruyéndose de esa manera la fuerza de los sentimientos de religión, única garantía de la honestidad de la mayor parte de los hombres. La experiencia ha permitido ver qué inútiles son los juramentos, porque cada juez puede dar testimonio de que ningún juramento le hizo decir la verdad nunca a reo alguno: lo permite ver la razón, que declara inútiles y en consecuencia perjudiciales todas las leyes que se oponen a los sentimientos naturales del hombre. Les sucede a ellas lo que a los diques opuestos directamente al curso de un río: son inmediatamente abatidos o un vórtice formado por ellos mismos los corroe y los mina insensiblemente.

XIX

Prontitud de la pena

Cuanto más pronta y más cercana al delito cometido es la pena, es tanto más justa y tanto más útil. Digo más justa, porque le ahorra al reo los inútiles y fieros tormentos de la incertidumbre, que crecen con el vigor de la imaginación y con el sentimiento de la propia debilidad; más justa, porque al ser una pena la privación de la libertad, ésta no puede preceder a la sentencia salvo cuando la necesidad lo exige. La cárcel es entonces la simple custodia de un ciudadano hasta que se lo juzgue reo, y siendo esa custodia esencialmente penosa, debe durar el menor tiempo posible y debe ser lo menos dura posible. El menor tiempo debe ser medido por la necesaria duración del proceso y la antigüedad del que primero tiene el derecho de ser juzgado. La estrechez de la cárcel no puede ser sino la necesaria, para impedir la fuga o para no ocultar las pruebas de los delitos. El proceso mismo debe concluirse en el tiempo más breve posible. ¿Qué contraste es más cruel que la indolencia de un juez y las angustias de un reo? ¿Las comodidades y los placeres de un magistrado insensible por una parte y por la otra las lágrimas, la miseria de un prisionero? En general, el peso de la pena y la consecuencia de un delito deben ser lo más eficaz para los otros y lo menos duro posible para quien lo sufre, porque no se puede denominar legítima sociedad aquella donde no sea principio infalible que los hombres hayan querido sujetarse a los menores males posibles.

He dicho que la prontitud de las penas es más útil, porque cuanto menor es el tiempo que pasa entre la pena y el delito, tanto más fuerte y duradera en el ánimo humano es la asociación de estas dos ideas, *delito* y *pena*, de modo que insensiblemente se consideran uno como causa y la otra como efecto necesario infaltable. Está demostrado que la unión de las ideas es el cemento que forma toda la fábrica del intelecto humano, sin el cual el placer y el dolor serían sentimientos aislados y de ningún efecto. Cuanto más se alejan los hombres de las ideas generales y de los principios universales, es decir, cuanto más vulgares son, más actúan por las asociaciones inmediatas y más cercanas, descuidando las más remotas y complicadas, que no sirven sino a los hombres fuertemente apasionados por el objeto al que tienden, porque la luz de la atención ilumina un solo objeto, dejando a oscuras a los demás.[56] Sirven igualmente a las mentes más elevadas, porque han adquirido el hábito de discurrir rápidamente sobre muchos objetos de una vez, y tienen la facilidad de comparar entre sí muchos sentimientos parciales, de modo que el resultado, que es la acción, es menos peligroso e incierto.

Entonces, es de suma importancia la cercanía del delito y la pena, si se quiere que en las burdas mentes vulgares, ante la seductora pintura de un delito ventajoso resuene de inmediato la idea asociada de la pena. El largo retardo no produce otro efecto que desunir cada vez más esas dos ideas, y aunque cause impresión el castigo de un delito, lo hace menos como castigo que como espectáculo, y no lo hace sino después de debilitarse en el ánimo de los espectadores el horror de un delito particular, que serviría para reforzar el sentimiento de la pena.

Otro principio sirve admirablemente para estrechar cada vez más la importante conexión entre el delito y la pena, es decir, que ésta sea lo más conforme posible a la naturaleza del delito. Esta analogía facilita admirablemente el contraste que debe existir entre el impulso al delito y la repercusión de la pena, es decir, que ésta aleje y conduzca al ánimo a un fin opuesto que aquel por donde trata de encaminarlo la seductora idea de la infracción de la ley.

XX

Violencias

Unos delitos se cometen contra la persona, otros contra el patrimonio. Los primeros deben ser punidos infaliblemente con penas corporales: ni el grande ni el rico deben poder poner precio a los atentados contra el débil y el pobre; de otro modo las riquezas, que bajo la tutela de las leyes son el premio de la industria, se convierten en el alimento de la tiranía. No hay libertad toda vez que las leyes permiten que en algunas ocasiones el hombre cese de ser *persona* y se convierta en *cosa*: se verá entonces la industria del poderoso totalmente ocupada en hacer surgir de la multitud de las combinaciones civiles aquellas que la ley le da en su favor. Este descubrimiento es el secreto mágico que cambia a los ciudadanos en animales de servicio, que en mano del fuerte es la cadena con que liga las acciones de los incautos y los débiles. Ésta es la razón por la cual en algunos gobiernos, que tienen toda la apariencia de libertad, la tiranía está oculta o se introduce imprevistamente en algún ángulo descuidado por el legislador, donde de manera insensible cobra fuerza y prospera. Los hombres, en general, ponen los diques más sólidos a la tiranía abierta, pero no ven al insecto imperceptible que los corroe y abre un camino tanto más seguro cuanto más oscuro al río desbordante.

XXI

Penas de los nobles

¿Cuáles serán entonces las penas correspondientes a los delitos de los nobles, cuyos privilegios forman gran parte de las leyes de las naciones?[57] No examinaré aquí si esta distinción hereditaria entre nobles y plebeyos es útil en un gobierno o necesaria en la monarquía, si es cierto que forma un poder intermedio, que limita los excesos de los dos extremos, o más bien forma un estrato que, esclavo de sí mismo y de otros, limita toda circulación de crédito o de esperanza en un círculo estrechísimo, semejante a aquellas isletas fecundas y amenas que resaltan en los arenosos y vastos desiertos de Arabia y que, cuando es verdad que la desigualdad es inevitable o útil en las sociedades, también es verdad que debe consistir más bien en los estratos que en los individuos, detenerse en una parte antes que circular por todo el cuerpo político, perpetuarse antes que nacer y destruirse incesantemente.[58] Me limitaré sólo a las penas debidas a este rango, afirmando que deben ser las mismas para el primero y para el último ciudadano. Toda distinción, tanto en los honores como en las riquezas, para que sea legítima supone una anterior igualdad basada en las leyes, que consideran a todos los súbditos como igualmente dependientes de ellas. Se debe suponer que los hombres que han renunciado a su despotismo natural[59] han dicho: *que el que sea más industrioso tenga mayores honores, y su fama brille en sus sucesores; pero quien es más feliz o más honrado espere más, pero no tema menos que los otros violar aquellos pactos por los cuales se ha elevado por encima de los otros.* Es cierto que tales decretos no emanaron de una asamblea del género humano, pero tales decretos existen en las relaciones inmóviles de las cosas, no destruyen esas ventajas que se suponen producidas por la nobleza e impiden los inconvenientes; vuelven formidables las leyes al cerrar todo camino a la impunidad. Al que dijera que la misma pena dada al noble y al plebeyo no es realmente la misma por la diversidad de la educación, por la infamia que esparce sobre una familia ilustre, le respondería que la sensibilidad del reo no es la medida de las penas, sino que el daño público es tanto mayor cuando lo comete el más favorecido; que la igualdad de las penas sólo puede ser intrínseca, siendo realmente diferente en cada individuo;[60] que el soberano puede hacer demostraciones públicas de benevolencia a la familia inocente del reo. ¿Y quién no sabe que las formalidades sensibles tienen el peso de razones para el pueblo crédulo y admirador?

XXII

Hurtos

Los hurtos que no implican violencia deberían castigarse con pena pecuniaria. El que trata de enriquecerse con lo ajeno debería ser empobrecido en lo propio. Pero como por lo común éste no es más que el delito de la miseria y de la desesperación, el delito de aquella parte infeliz de hombres a los que el derecho de propiedad (derecho terrible y tal vez no necesario[61]) no ha dejado sino una desnuda existencia, como las penas pecuniarias incrementan el número de los reos por encima del de los delitos y quitan el pan a los inocentes al quitárselo a los perversos,[62] la pena única será esa única clase de esclavitud que se puede denominar justa, es decir, la esclavitud por un tiempo de las obras y de la persona a la sociedad común, para resarcirla con la dependencia propia y perfecta del injusto despotismo usurpado al pacto social. Pero cuando el hurto se mezcla con violencia, la pena también debe ser una mezcla de lo corporal y lo servil. Otros escritores antes que yo han demostrado el desorden evidente que surge de no distinguir las penas de los hurtos violentos de las penas de los hurtos dolosos,[63] haciendo la absurda ecuación de una gruesa suma de dinero con la vida de un hombre, pero nunca es superfluo repetir lo que casi nunca se ha realizado. Las máquinas políticas conservan más que cualquier otra el movimiento concebido y son las más lentas en adquirir uno nuevo. Éstos son delitos de naturaleza diferente, y es muy cierto también en política ese axioma de matemática, según el cual entre las cantidades heterogéneas está el infinito que las separa.[64]

XXIII

Infamia

Las injurias personales y contrarias al honor, es decir, a aquella justa porción de sufragios[65] que un ciudadano tiene derecho a exigir de los otros, deben ser castigadas con la infamia.[66] Esta infamia es una señal de la desaprobación pública que priva al reo de los votos públicos, de la confianza de la patria y de esa casi fraternidad que inspira la sociedad. No está al arbitrio de la ley. Es necesario, entonces, que la infamia de la ley sea la misma que la que nace de las relaciones de las cosas, la misma que inspira la moral universal o la particular dependiente de los sistemas particulares, legisladores de las opiniones vulgares o de aquella tal nación que inspiran. Si una es diferente de la otra, la ley pierde la veneración pública o desaparecen las ideas de la moral y de la probidad, en desmedro de las declamaciones que nunca resisten los ejemplos. Quien declara acciones infames por sí indiferentes disminuye la infamia de las acciones que son verdaderamente tales. Las penas de infamia no deben ser ni demasiado frecuentes ni caer sobre un gran número de personas de una vez: no lo primero, porque los efectos reales y demasiado frecuentes de las cosas de opinión debilitan la fuerza de la opinión misma, no lo segundo, porque la infamia de muchos se resuelve en la infamia de ninguno.

Las penas corporales y dolorosas no deben darse a aquellos delitos que, fundados en el orgullo, derivan del dolor mismo gloria y alimento, a los cuales convienen el ridículo y la infamia, penas que frenan el orgullo de los fanáticos con el orgullo de los espectadores y de la tenacidad de las cuales apenas con esfuerzos lentos y obstinados se libera la verdad misma. Así, con fuerzas opuestas a fuerzas y opiniones a opiniones, el sabio legislador interrumpe la admiración y la sorpresa causada en el pueblo por un falso principio, cuyas consecuencias bien deducidas suelen velar al vulgo el absurdo original.[67]

Ésta es la manera de no confundir las relaciones y la naturaleza invariable de las cosas, que al no estar limitada por el tiempo y al operar incesantemente, confunde y despliega todos los reglamentos limitados que de ella se apartan.[68] No son sólo las artes de gusto y de placer las que tienen por principio universal la imitación fiel de la naturaleza, sino que la política misma, al menos la verdadera y duradera, está sujeta a esta máxima general, porque no es otra cosa que el arte de dirigir mejor y hacer concordes los sentimientos inmutables de los hombres.

XXIV

Ociosos

El que perturba la tranquilidad pública, el que no obedece las leyes, es decir, las condiciones en que los hombres se toleran mutuamente y se defienden, debe ser excluido de la sociedad, o sea que se lo debe proscribir. Ésta es la razón por la cual los gobiernos sabios no toleran, en el seno del trabajo y de la industria, ese tipo de ocio político[69] confundido por los austeros declamadores con el ocio de las riquezas acumuladas por la industria, ocio necesario y útil a medida que la sociedad se dilata y la administración se restringe. Yo denomino ocio político a aquel que no contribuye a la sociedad ni con el trabajo ni con la riqueza, que adquiere sin perder nunca, que venerado por el vulgo con estúpida admiración, observado por el sabio con desdeñosa compasión por los seres que son sus víctimas, que al carecer de ese estímulo de la vida activa que es la necesidad de custodiar o aumentar las utilidades de la vida, pone toda su energía en las pasiones de opinión, que no son las menos fuertes. No es ocioso políticamente el que goza de los frutos de los vicios o de las virtudes de los propios antepasados, y vende por actuales placeres el pan y la existencia a la industriosa pobreza, que ejerce en paz la tácita guerra de industria con la opulencia, en lugar de la incierta y sanguinaria de la fuerza. No es la austera y limitada virtud de algunos censores, sino las leyes, las que deben definir cuál es el ocio que se debe castigar.

Parece ser que se debiera proscribir a aquellos que, acusados de un delito atroz, tienen una gran probabilidad, pero no la certeza, de ser reos; pero para ello es necesario un estatuto, el menos arbitrario y el más preciso posible, que condene a la proscripción al que ha puesto a la nación en la fatal alternativa de temerlo o de ofenderlo, pero dejándole el sagrado derecho de probar su inocencia. Mayores deberían ser los motivos contra un nacional que contra un extranjero, contra un inculpado por primera vez que contra quien lo fue más veces.

XXV

Proscripción y confiscaciones

Pero quien es proscripto y excluido para siempre de la sociedad de la que era miembro, ¿debe ser privado de sus bienes? Tal cuestión es susceptible de diferentes visiones. Perder los bienes es una pena mayor que la de la proscripción; debe haber algunos casos en los que, proporcionalmente a los delitos, exista la pérdida de todo o de parte de los bienes, y algunos en los que no. La pérdida de todo será cuando la proscripción intimada por la ley sea tal que anule todas las relaciones que existen entre la sociedad y un ciudadano delincuente; entonces muere el ciudadano y queda el hombre, y respecto del cuerpo político debe producir el mismo efecto que la muerte natural. Parece entonces que los bienes quitados al reo debieran corresponder a los sucesores legítimos antes que al príncipe, ya que la muerte y una proscripción tal son lo mismo respecto del cuerpo político. Pero no es por esta sutileza que me atrevo a desaprobar las confiscaciones de los bienes. Si algunos han sostenido que las confiscaciones son un freno a las venganzas y a las prepotencias privadas, no reflexionan que, si bien las penas producen un bien, no siempre son justas, porque para ser tales deben ser necesarias, y una injusticia útil no puede ser tolerada por el legislador que desea cerrar todas las puertas a la tiranía vigilante[70] que atrae con el bien momentáneo y con la felicidad de algunos ilustres, despreciando el exterminio futuro y las lágrimas de infinitos oscuros. Las confiscaciones ponen un precio a la cabeza de los débiles, hacen sufrir al inocente la pena del reo y ponen a los inocentes mismos en la desesperada necesidad de cometer delitos. ¡Qué espectáculo más triste que una familia arrastrada a la infamia y a la miseria por los delitos de un jefe, a la cual la sumisión ordenada por las leyes[71] le impediría prevenirlos, aun cuando existieran los medios para hacerlo!

XXVI

Del espíritu de familia

Estas injusticias funestas y autorizadas fueron aprobadas aun por los hombres más iluminados, y ejercidas por las repúblicas más libres, por haber considerado a la sociedad más bien como una unión de familias que como una unión de hombres. Hay cien mil hombres, o sea veinte mil familias, cada una de las cuales está compuesta por cinco personas, comprendido el jefe que la representa: si la asociación está hecha para las familias, habrá veinte mil hombres y ochenta mil esclavos; si la asociación es de hombres, habrá cien mil ciudadanos y ningún esclavo. En el primer caso habrá una república y veinte mil pequeñas monarquías que la componen; en el segundo, el espíritu republicano respirará no sólo en las plazas y en las reuniones de la nación, sino también entre los muros domésticos, donde está gran parte de la felicidad o de la miseria de los hombres. En el primer caso, como las leyes y las costumbres son el efecto de los sentimientos habituales de los miembros de la república, o sea de los jefes de la familia, el espíritu monárquico se introducirá poco a poco en la república misma; y sus efectos serán frenados sólo por los intereses opuestos de cada uno, no por un sentimiento cargado de libertad e igualdad. El espíritu de familia es un espíritu de detalle y limitado a pequeños hechos. El espíritu regulador de las repúblicas, patrón de los principios generales, ve los hechos y los condensa en las clases principales e importantes para el bien de la mayor parte. En la república de familias los hijos quedan en la potestad del jefe, mientras él vive, y están obligados a esperar de su muerte una existencia dependiente sólo de las leyes. Habituados a ceder y a temer en la edad más verde y vigorosa, cuando los sentimientos están menos modificados por ese temor de la experiencia que se denomina moderación, ¿cómo resistirán ellos los obstáculos que el vicio siempre opone a la virtud en la edad lánguida y decadente, en la que aun la desesperación de ver los frutos se opone a los cambios vigorosos?

Cuando la república es de hombres, la familia no es una subordinación de mando, sino de contrato, y los hijos, cuando la edad los retira de la dependencia de naturaleza, que es la de la debilidad y de la necesidad de educación y de defensa, se convierten en miembros libres de la ciudad, y se someten al jefe de familia, para participar de las ventajas, como los hombres libres en la sociedad grande. En el primer caso los hijos, es decir, la parte más grande y la más útil de la nación, están a la discreción de los padres, en el segundo no subsiste otro vínculo de mando que el sagrado e inviolable de suministrarnos recíprocamente los socorros necesarios, y el de la gratitud por los bienes recibidos, el cual no es destruido por la malicia del corazón humano tanto como por una mal entendida sujeción requerida por las leyes.

Tales contradicciones entre las leyes de familia y las fundamentales de la república son una fuente fecunda de otras contradicciones entre la moral doméstica y la pública, pero hacen surgir un conflicto perpetuo en el ánimo de cada hombre. La primera inspira sujeción y temor, la segunda coraje y libertad; aquella enseña a restringir la beneficencia a un número pequeño de personas sin elección espontánea, ésta a extenderla a toda clase de hombres; aquella ordena un continuo sacrificio de sí mismo a un ídolo vano, que se denomina *bien de familia*, que muchas veces no es el bien de alguno que la compone; ésta enseña a servir a las propias ventajas sin ofender las leyes, o excita a inmolarse a la patria con el premio del fanatismo, que previene la acción. Tales contrastes hacen que los hombres desdeñen seguir la virtud que encuentran enredada y confusa, y en aquella lejanía que nace de la oscuridad de los objetos tanto físicos como morales. ¡Cuántas veces un hombre, volviéndose hacia sus acciones pasadas, queda azorado al hallarse deshonesto! A medida que se multiplica la sociedad, cada miembro se torna una parte más pequeña del todo, y el sentimiento republicano disminuye proporcionalmente, si las leyes no se ocupan de reforzarlo. Las sociedades, como los cuerpos humanos, tienen sus límites circunscriptos, más allá de los cuales, al crecer, la economía se ve necesariamente perturbada. Parece que la masa de un Estado debe estar en razón inversa de la sensibilidad de quien lo compone, de lo contrario, al crecer una y otra, las buenas leyes hallarían, al prevenir los delitos, un obstáculo en el mismo bien que han producido.[72] Una república vasta no se salva del despotismo sino subdividiéndose y uniéndose en muchas repúblicas federativas. ¿Pero cómo lograr esto? Con un dictador despótico que tenga el coraje de Sila, y tanto genio para construir como él tuvo para destruir. Si es ambicioso, a tal hombre lo aguarda la gloria de todos los siglos, si es filósofo, las bendiciones de sus ciudadanos lo consolarán de la pérdida de la autoridad, aun cuando no se volviera indiferente a la ingratitud de ellos. A medida que se debilitan los sentimientos que nos unen a la nación, se refuerzan los sentimientos por los objetos que nos circundan, pero bajo el despotismo más fuerte las amistades son más duraderas, y las virtudes siempre mediocres de la familia son las más comunes, o más bien las únicas. De ello todos pueden deducir cuán limitada era la visión de la mayoría de los legisladores.

XXVII

Dulzura de las penas

Pero el curso de mis ideas me ha alejado de mi tema, a cuyo esclarecimiento debo apresurarme. Uno de los más grandes frenos de los delitos no es la crueldad de las penas, sino la infalibilidad de ellas, y en consecuencia la vigilancia de los magistrados, y esa severidad de un juez inexorable que, para que sea una virtud útil, debe acompañarse de una dulce legislación. La certeza de un castigo, si bien moderado, causa siempre una mayor impresión que el temor de otro más terrible, unido a la esperanza de la impunidad; porque los males, aun mínimos, cuando son ciertos asustan siempre a los ánimos humanos, y la esperanza, don celestial, que a menudo todos tenemos en cuenta, aleja siempre la idea de los mayores, sobre todo cuando la impunidad, que a menudo acuerdan la avaricia[73] y la debilidad, aumenta su fuerza. La atrocidad misma de la pena hace que se arriesgue mucho más para eludirla, cuando es grande el mal que se enfrenta: hace que se cometan otros delitos para escapar de la pena de uno solo. Los países y los tiempos de suplicios más atroces fueron siempre aquellos de las acciones más sanguinarias e inhumanas, porque el mismo espíritu de ferocidad que guiaba la mano del legislador regía la del parricida y el sicario. En el trono dictaba leyes de hierro a almas atroces de esclavos, que obedecían. En la oscuridad privada estimulaba a inmolar a los tiranos para crear otros nuevos.

A medida que los suplicios se hacen más crueles, los ánimos humanos, así como los fluidos se ponen siempre a nivel con los objetos que los circundan, se encallecen, y la fuerza siempre viva de las pasiones hace que, después de cien años de crueles suplicios, la rueda[74] asuste tanto como antes el encarcelamiento. Para que una pena logre su efecto basta que el mal de la pena exceda el bien derivado del delito, y en este exceso de mal debe calcularse la infalibilidad de la pena y la pérdida del bien que produciría el delito. Todo lo que exceda es entonces superfluo y por lo tanto tiránico. Los hombres se rigen por el reiterado proceso de los males que conocen, y no por los que ignoran. Se hacen dos procesos, en uno de los cuales, en la escala de las penas proporcionada a la escala de los delitos, la pena mayor es la esclavitud perpetua, y en el otro la rueda. Yo digo que en el primero causará tanto temor su pena mayor cuanto en el segundo; y si hay una razón para transportar al primero las penas mayores del segundo, la misma razón serviría para incrementar las penas de este último, pasando insensiblemente de la rueda a los tormentos más lentos y estudiados, y hasta los últimos refinamientos de la ciencia demasiado conocida por los tiranos.

Otras dos consecuencias funestas derivan de la crueldad de las penas, contrarias al fin mismo de prevenir los delitos. La primera es que no resulta fácil conservar la proporción esencial entre el delito y la pena, porque aun cuando una industriosa crueldad haya variado muchísimo las especies de delitos, no obstante no pueden superar esa fuerza última a la que están limitadas la organización y la sensibilidad humanas. Llegados a ese extremo, para los delitos más perjudiciales y más atroces no se hallaría pena mayor correspondiente, como sería necesario para prevenirlos. La otra consecuencia es que la impunidad misma nace de la atrocidad de los suplicios.[75] Los hombres están encerrados dentro de ciertos límites, tanto en el bien como en el mal, y un espectáculo demasiado atroz para la humanidad no puede ser más que un furor pasajero, pero nunca un sistema constante como deben ser las leyes; que si verdaderamente son crueles, se cambian o la impunidad fatal nace de las leyes mismas.

Al leer las historias, ¿quién no se estremece de horror por los bárbaros e inútiles tormentos que fueron inventados con frío ánimo y puestos en práctica por hombres que se llamaban sabios? ¿Quién puede no sentir que tiembla toda su parte más sensible al ver a millares de infelices a los que la miseria, deseada o tolerada por las leyes, que siempre han favorecido a los pocos y perjudicado a los muchos, llevó a un desesperado retorno al primer estado de naturaleza, o acusados de delitos imposibles o fabricados por la tímida ignorancia, o reos sólo por ser fieles a sus propios principios, son lacerados por hombres dotados de los mismos sentidos, y en consecuencia de las mismas pasiones, con meditadas formalidades y con lentas torturas, divertido espectáculo de una fanática multitud?

XXVIII

De la pena de muerte

Esta inútil prodigalidad de suplicios, que nunca hizo mejores a los hombres, me llevó a examinar si la muerte es verdaderamente útil y justa en un gobierno bien organizado. ¿Cuál puede ser el derecho que se atribuyen los hombres para asesinar a sus semejantes? Por cierto, no aquel del que resultan la soberanía y las leyes. Ellas no son más que una suma de mínimas porciones de la libertad privada de cada uno; representan la voluntad general, que es el agregado de las particulares.[76] ¿Quién es aquel que ha deseado dejar a otros hombres el arbitrio de matarlo? ¿Cómo puede ser que en el mínimo sacrificio de la libertad de cada uno esté el del máximo entre todos los bienes, la vida? Y si eso se hizo, ¿cómo se acuerda tal principio con el otro, que el hombre no es dueño de matarse, y debía serlo si ha podido dar ese derecho a otros o a la sociedad entera?

No es entonces un *derecho* la pena de muerte, porque he demostrado que no puede ser tal, sino que es una guerra de la nación con un ciudadano, porque juzga necesaria o útil la destrucción de su ser. Pero si demuestro que la muerte no es ni útil ni necesaria, habré ganado la causa de la humanidad.

La muerte de un ciudadano sólo puede creerse necesaria por dos motivos. El primero, cuando aun privado de libertad él posea todavía tales relaciones y tal potencia peligrosa en la forma de gobierno establecida. La muerte de un ciudadano se torna entonces necesaria cuando la nación recupera o pierde su libertad, o en el tiempo de la anarquía, cuando los desórdenes mismos ocupan el lugar de las leyes; pero durante el tranquilo reinado de las leyes, en una forma de gobierno para la cual se han reunido los votos de la nación, bien munida por fuera y por dentro de la fuerza y de la opinión, tal vez más eficaz que la fuerza misma, donde el mando sólo lo tiene el verdadero soberano, donde las riquezas compran placeres y no autoridad, yo no veo necesidad alguna de destruir a un ciudadano, salvo cuando su muerte fuera el único y verdadero freno para disuadir a los otros de cometer delitos, segundo motivo por el cual puede creerse justa y necesaria la pena de muerte.

Cuando la experiencia de todos los siglos, en los cuales el último suplicio nunca disuadió a los hombres decididos a ofender a la sociedad, cuando el ejemplo de los ciudadanos romanos, y veinte años del reinado de Isabel de Moscú,[77] en los cuales dio a los padres de los pueblos ese ejemplo ilustre, que equivale al menos a muchas conquistas compradas con la sangre de los hijos de la patria, no persuadieron a los hombres, para los cuales el lenguaje de la razón es siempre sospechoso y eficaz el de la autoridad, basta consultar la naturaleza del hombre para percibir la verdad de mi aserción.

No es la intensidad de la pena lo que causa el mayor efecto sobre el ánimo humano, sino su extensión; porque nuestra sensibilidad se ve movida con mayor facilidad y estabilidad por impresiones mínimas pero reiteradas que por un movimiento fuerte pero pasajero. El imperio de la costumbre es universal sobre todo ser que siente, y como el hombre habla y camina y se procura sus necesidades con la ayuda de la costumbre, así las ideas morales sólo se imprimen en la mente con golpes duraderos y reiterados. No es el espectáculo terrible pero pasajero de la muerte de un perverso, sino el prolongado y esforzado ejemplo de un hombre privado de libertad que, convertido en bestia de servicio, recompensa con sus fatigas a esa sociedad a la que ha ofendido, el freno más fuerte contra los delitos. Ese eficaz por muy reiterado pensamiento: *yo mismo me veré reducido a tan prolongada y mísera condición si cometo delitos semejantes*, es mucho más poderoso que la idea de la muerte, que los hombres ven siempre en una oscura lejanía.

La pena de muerte causa una impresión que con su fuerza impide el pronto olvido, natural al hombre aun en las cosas más esenciales y acelerado por las pasiones. Regla general: las pasiones violentas sorprenden a los hombres, pero no por largo tiempo, aunque son aptas para causar esas revoluciones que convierten a hombres comunes en persas o lacedemonios; pero en un gobierno libre y tranquilo, las impresiones deben ser más frecuentes que fuertes.

La pena de muerte se convierte en un espectáculo para la mayoría y en un objeto de compasión mezclada con desdén para algunos; estos dos sentimientos ocupan más el ánimo de los espectadores que el saludable terror que pretende inspirar la ley. Pero en las penas moderadas y continuas el sentimiento dominante es el último porque es el único. El límite que debería fijar el legislador al rigor de las penas parece consistir en el sentimiento de compasión, cuando empieza a predominar sobre todos los demás en el ánimo de los espectadores de un suplicio, hecho más para ellos que para el reo.

Para que una pena sea justa no debe tener más que esos únicos grados de intensidad que bastan para alejar a los hombres de los delitos; ahora no existe nadie que, al reflexionar sobre el tema, pueda elegir la pérdida total y perpetua de la propia libertad por ventajoso que pueda ser un delito: entonces, la intensidad de la pena de esclavitud perpetua en reemplazo de la pena de muerte posee lo necesario para alejar a todo ánimo determinado; agrego que posee más: muchísimos enfrentan la muerte con rostro tranquilo y firme, algunos por fanatismo, algunos por vanidad, que casi siempre acompaña al hombre más allá de la tumba; algunos por un último y desesperado intento de no vivir o de salir de la miseria, pero ni el fanatismo ni la vanidad están entre los cepos o las cadenas, bajo el bastón, bajo el yugo, en una jaula de hierro, y el desesperado no termina con sus males sino que los inicia. Nuestro ánimo resiste más la violencia y los dolores extremos pero pasajeros que el tiempo y el aburrimiento incesante; porque puede decirse que se condensa todo por un momento para rechazar a los primeros, pero su vigorosa elasticidad no basta para resistir a la larga y reiterada acción de los segundos. Con la pena de muerte, cada ejemplo que se da a la nación supone un delito; en la pena de esclavitud perpetua un solo delito da muchísimos y duraderos ejemplos, y si es importante que los hombres vean a menudo el poder de las leyes, las penas de muerte no deben ser demasiado distantes entre sí: entonces suponen la frecuencia de los delitos, entonces para que este suplicio sea útil es preciso que no cause en los hombres toda la impresión que debería, es decir, que sea útil y no útil al mismo tiempo.[78] Al que diga que la esclavitud perpetua es tan dolorosa como la muerte, y por lo tanto igualmente cruel, le responderé que sumando todos los momentos infelices de la esclavitud lo será tal vez más, pero éstos están dispersos en toda la vida, y aquella ejerce toda su fuerza en un momento; y es ésta la ventaja de la pena de esclavitud, que asusta más al que la ve[79] que al que la sufre; porque el primero considera toda la suma de los momentos infelices y el segundo es distraído de la infelicidad del momento por la futura. Todos los males se agrandan en la imaginación, y quien sufre halla recursos y consuelos no conocidos y no creídos por los espectadores, que reemplazan con su propia sensibilidad el ánimo encallecido del infeliz.

Es aproximadamente éste el razonamiento que hace un ladrón o un asesino, los que no tienen otro contrapeso para no violar las leyes que la horca o la rueda. Sé que desarrollar los sentimientos del propio ánimo es un arte que se aprende con la educación; pero porque un ladrón no maneje bien sus principios, no por eso actúan menos esos principios. *¿Cuáles son estas leyes que debo respetar, que dejan un espacio tan grande entre el rico y yo? Él me niega un dinero que busco y se excusa ordenándome un trabajo que no conoce. ¿Quién ha hecho estas leyes? Hombres ricos y poderosos, que nunca se dignaron visitar las escuálidas chozas del pobre, que nunca compartieron un pan enmohecido entre los gritos inocentes de los hijos hambrientos y las lágrimas de las esposas. Rompamos estos vínculos fatales a la mayoría y útiles a algunos pocos tiranos indolentes, ataquemos la injusticia en su fuente. Volveré a mi estado de independencia natural, viviré libre y feliz por algún tiempo con los frutos de mi coraje y de mi industria, tal vez llegue el día del dolor y del arrepentimiento, pero será breve ese tiempo, y tendré un día de esfuerzo por muchos años de libertad y de placeres. Rey de un pequeño número,[80] corregiré los errores de la fortuna, y veré a esos tiranos empalidecer y palpitar ante la presencia de aquel al que con insultante fausto posponían a sus caballos y sus perros.* Entonces la religión se asoma a la mente del perverso, que abusa de todo, y presentándole un fácil arrepentimiento y una casi certeza de felicidad eterna, disminuye mucho el horror de esa última tragedia.

Pero aquel que ve ante sus ojos un gran número de años, o aun todo el curso de la vida que pasaría en la esclavitud y en el dolor de cara a sus conciudadanos, con los que vive libre y sociable, esclavo de aquellas leyes por las cuales era protegido, hace una útil comparación de todo ello con la incertidumbre del resultado de sus delitos, con la brevedad del tiempo en el que gozaría los frutos. El ejemplo continuo de aquellos a los que actualmente ve víctimas de su propia imprevisión, le causa una impresión mucho más fuerte que el espectáculo de un suplicio que más que corregirlo lo endurece.

La pena de muerte no es útil por el ejemplo de atrocidad que da a los hombres. Si las pasiones o la necesidad de la guerra han enseñado a derramar la sangre humana, las leyes moderadoras de la conducta de los hombres no deberían aumentar el fiero ejemplo, tanto más funesto porque la muerte legal es dada con estudio y con formalidad. Me parece un absurdo que las leyes que son la expresión de la voluntad pública, que detestan y castigan el homicidio, lo cometan ellas mismas y, para alejar a los ciudadanos del asesinato, ordenen un asesinato público. ¿Cuáles son las leyes verdaderas y más útiles? Esos pactos y esas condiciones que todos desearían observar y proponer, mientras calla la voz siempre escuchada del interés privado o se combina con la del público. ¿Cuáles son los sentimientos de cada uno acerca de la pena de muerte? Leámoslos en los actos de indignación y de desprecio con que cada uno mira al verdugo, que es también un inocente ejecutor de la voluntad pública, un buen ciudadano que contribuye al bien público, el instrumento necesario para la seguridad pública en el interior como los valerosos soldados en el exterior. ¿Cuál es, entonces, el origen de esta contradicción? ¿Y por qué es indeleble este sentimiento en los hombres en desmedro de la razón? Porque en lo más secreto de sus ánimos, parte que más que ninguna conserva todavía la forma original de la vieja naturaleza, los hombres siempre han creído que la propia vida no está en potestad de alguno sino de la necesidad, que con su cetro de hierro rige el universo.

¿Qué deben pensar los hombres al ver a los sabios

magistrados y a los graves sacerdotes de la justicia, que con indiferente tranquilidad hacen arrastrar con lento aparato a un reo a la muerte, y mientras un desgraciado se estremece en las últimas angustias, esperando el golpe fatal, pasa el juez con insensible frialdad, y tal vez también con secreta complacencia de la propia austeridad, a gustar de las comodidades y los placeres de la vida? Ellos dirán: *¡Ah!, estas leyes no son más que los pretextos de la fuerza y las meditadas y crueles formalidades de la justicia; no son más que un lenguaje de convención para inmolarnos con mayor seguridad, como víctimas destinadas en sacrificio al ídolo insaciable del despotismo.*

El asesinato, que se nos predica como un terrible delito, lo vemos emplear también sin repugnancia y sin furor. Aprovechemos el ejemplo. La muerte violenta nos parecía una escena terrible en las descripciones que se nos hacían, pero lo vemos como un asunto de momento. ¡Cuánto menos debe serlo para el que, al no esperarla, se ahorra casi todo lo que tiene de doloroso! Tales son los funestos paralogismos[81] que, si no con claridad, confusamente al menos hacen los hombres dispuestos a los delitos, en los cuales, como hemos visto, el abuso de la religión[82] puede más que la religión misma.

Si se me opusiera el ejemplo de casi todos los siglos y de casi todas las naciones, que han dado pena de muerte a algunos delitos, respondería que queda reducido a la nada de cara a la verdad, contra la cual no tiene prescripción,[83] que la historia de los hombres nos da la idea de un inmenso piélago de errores, entre los cuales sobrenadan pocas y confusas verdades, distantes entre sí. Los sacrificios humanos fueron comunes a casi todas las naciones, ¿y quién se atreverá a excusarlos? Que unas pocas sociedades, y sólo por poco tiempo, se hayan abstenido de dar muerte, ello me resulta más favorable que contrario, porque se conforma a la fortuna de las grandes verdades, cuya duración no es más que un relámpago, respecto de la prolongada y tenebrosa noche que envuelve a los hombres. Aún no ha llegado la época afortunada en que la verdad, como hasta ahora el error, pertenezca al número más grande, y de esta ley universal no se han exceptuado hasta ahora más que las únicas verdades que la Sabiduría infinita ha deseado compartir con las otras al revelarlas.

La voz de un filósofo es demasiado débil contra los tumultos y los gritos de tantos que son guiados por la ciega costumbre, pero los pocos sabios dispersos sobre la faz de la tierra me harán eco en lo íntimo de su corazón; y si la verdad pudiera, entre los infinitos obstáculos que la alejan de un monarca, a su pesar, llegar hasta su trono, sepa que ella llega con los votos secretos de todos los hombres, sepa que callará de cara a él la sanguinaria fama de los conquistadores y que la posteridad justa le asignará el primer lugar entre los indiscutidos trofeos de los Tito, los Antoninos y los Trajano.[84]

¡Feliz humanidad, si por primera vez se le dictaran leyes, ahora que vemos devueltos en los tronos de Europa a monarcas benéficos, animadores de las virtudes indiscutibles, de las ciencias, de las artes, padres de sus pueblos, ciudadanos coronados, el aumento de cuya autoridad hace la felicidad de los súbditos porque elimina ese despotismo intermediario[85] más cruel, por menos seguro, con que eran sofocados los votos siempre sinceros del pueblo y siempre felices cuando pueden llegar al trono! Si ellos, digo, permiten que subsistan las antiguas leyes, eso deriva de la dificultad infinita de quitar de los errores la venerada herrumbre de muchos siglos, que es un motivo para que los ciudadanos iluminados deseen con mayor ardor el crecimiento continuo de la autoridad de ellos.

XXIX

De la captura

Un error no menos común que contrario al fin social, que es la opinión de la propia seguridad, deja al arbitrio del magistrado, ejecutor de las leyes, el encarcelamiento de un ciudadano, al quitarle la libertad a un enemigo con pretextos frívolos, y al dejar impune a un amigo a pesar de los indicios más fuertes de delincuencia. El encarcelamiento es una pena que, a diferencia de cualquier otra, por necesidad debe preceder a la declaración[86] del delito, pero este carácter distintivo no le quita el otro esencial, es decir, que sólo la ley determine los casos en los cuales un hombre es digno de pena. La ley, entonces, señala los indicios de un delito que merece la custodia del reo, que lo somete a un examen y a una pena. La fama pública, la fuga, la confesión extrajudicial, la de un compañero de delito, las amenazas y la constante enemistad con el ofendido, el cuerpo del delito e indicios semejantes son pruebas suficientes para capturar a un ciudadano; pero estas pruebas las deben establecer las leyes y no los jueces, cuyos decretos siempre se oponen a la libertad política, cuando no son proposiciones particulares de una máxima general existente en el código público. A medida que se moderen las penas, que se elimine la miseria y el hambre de las cárceles, que la compasión y la humanidad penetren las puertas de hierro y dominen a los inexorables y endurecidos ministros de la justicia, las leyes podrán contentarse con indicios cada vez más débiles para capturar. Un hombre acusado de un delito, encarcelado y absuelto, no debería llevarse nota alguna de infamia. ¡Cuántos romanos acusados de delitos gravísimos, hallados luego inocentes, fueron reverenciados por el pueblo y honrados por la magistratura! ¿Pero por qué razón es tan diferente en nuestros tiempos la suerte de un inocente?[87] Porque parece que en el sistema criminal presente, según la opinión de los hombres, prevalece la idea de la fuerza y la prepotencia a la de la justicia; porque son arrojados en confusión en la misma caverna los acusados y los delincuentes; porque la prisión es más bien un suplicio que una custodia del reo, y porque la fuerza interna tutora de las leyes está separada de la externa defensora del trono y de la nación, cuando deberían estar unidas. Así la primera estaría, por medio del apoyo común de las leyes, combinada con la facultad de juzgar, pero no sería dependiente de aquella con potestad inmediata, y la gloria, que acompaña a la pompa, y el fausto de un cuerpo militar quitarían la infamia, la que está más vinculada con el modo que con la cosa, como todos los sentimientos populares; y está probado por el hecho de que las prisiones militares, en la opinión común, no son tan infamantes como las forenses. Perduran todavía en el pueblo, en las costumbres y en las leyes, siempre más de un siglo inferiores en bondad a las luces actuales de una nación, perduran todavía las impresiones bárbaras y las ideas feroces de nuestros padres cazadores septentrionales.[88]

Algunos han sostenido que en cualquier lugar donde se cometa un delito, es decir, una acción contraria a las leyes, se lo puede castigar; como si el carácter de súbdito fuera indeleble, es decir, sinónimo y aun peor que el de esclavo; como si uno pudiera ser súbdito de un dominio y habitar en otro, y que sus acciones pudieran ser subordinadas sin contradicción a dos soberanos y a dos códigos a menudo contradictorios. Algunos creen igualmente que una acción cruel hecha, por ejemplo, en Constantinopla, puede ser castigada en París, por la razón abstracta de que el que ofenda a la humanidad merece que toda la humanidad sea su enemiga y la execración universal; como si los jueces fueran vengadores de la sensibilidad de los hombres y no antes bien de los pactos que los vinculan. El lugar de la pena es el lugar del delito,[89] porque ahí solamente y no en otra parte los hombres se ven forzados a ofender a un privado para prevenir la ofensa pública. Un perverso, pero que no ha roto los pactos de una sociedad de la que no era miembro, puede ser temido, y exiliado y excluido por la fuerza superior de la sociedad, pero no castigado con las formalidades de las leyes que vengan los pactos, no de la malicia intrínseca de las acciones.

Los reos de los delitos más ligeros suelen ser castigados en la oscuridad de una cárcel o enviados a dar un ejemplo, con una esclavitud lejana y por lo tanto casi inútil,[90] a naciones a las que no han ofendido. Si los hombres no se disponen en un momento a cometer los más grandes delitos, la pena pública de un gran crimen es considerada por la mayoría como algo ajeno y que no puede sucederle;[91] pero la pena pública de delitos más ligeros, a los cuales el ánimo es más cercano, causa una impresión que los disuade de éstos y los aleja mucho más de aquéllos. Las penas no deben ser solamente porporcionadas entre sí y a los delitos en la fuerza sino también en el modo de infligirlas. Algunos liberan de la pena de un delito pequeño cuando la parte ofendida lo perdona, acto conforme a la beneficencia y a la humanidad, pero contrario al bien público, como si un ciudadano privado pudiera igualmente quitar con su remisión la necesidad del ejemplo, como puede condonar el resarcimiento de la ofensa. El derecho de hacer punir no es de uno solo sino de todos los ciudadanos o del soberano. Él[92] sólo puede renunciar a su porción de derecho, pero no anular la de los otros.

XXX

Procesos y prescripción

Conocidas las pruebas y calculada la certeza del delito, es necesario concederle al reo el tiempo y los medios oportunos para justificarse; pero un tiempo tan breve que no perjudique la prontitud de la pena, que hemos visto que es uno de los principales frenos de los delitos. Un amor mal entendido por la humanidad parece contrario a esta brevedad del tiempo, pero se desvanece toda duda si se reflexiona que los peligros de la inocencia crecen con los defectos de la legislación.

Pero las leyes deben fijar cierto espacio de tiempo, tanto para la defensa del reo como para las pruebas de los delitos, y el juez se convertiría en legislador si debiera decidir el tiempo necesario para probar un delito. Del mismo modo, esos delitos atroces, de los cuales queda largamente la memoria en los hombres, cuando son probados no merecen ninguna prescripción en favor del reo que se ha fugado; pero los delitos menores y oscuros deben quitar, mediante prescripción, la incertidumbre de la suerte de un ciudadano, porque la oscuridad en que han estado envueltos por largo tiempo los delitos quita el ejemplo de la impunidad, y queda entretanto el poder del reo de volverse mejor. Me basta indicar estos principios, porque no puede fijarse un límite preciso sino para una legislación dada y en las circunstancias dadas de una sociedad; sólo agregaré que, probada la utilidad de las penas moderadas en una nación, las leyes que en proporción a los delitos disminuyen o incrementan el tiempo de la prescripción, o el tiempo de las pruebas,[93] haciendo así de la cárcel misma o del exilio voluntario una parte de la pena, suministran una fácil distribución de pocas penas dulces para un gran número de delitos.

Pero estos tiempos no crecen en la exacta proporción de la atrocidad de los delitos, ya que la probabilidad de los delitos es en razón inversa de su atrocidad.[94] Así, se debe reducir el tiempo del examen e incrementar el de la prescripción, lo que parecería una contradicción de cuanto dije, es decir, que se pueden dar penas iguales a delitos desiguales, considerando el tiempo de la cárcel o de la prescripción, precedentes a la sentencia, como una pena. Para explicarle mi idea al lector, distingo dos clases de delitos: la primera es aquella de los delitos atroces, y ésta comienza por el homicidio y comprende todas las perversidades ulteriores; la segunda es la de los delitos menores. Esta distinción tiene su fundamento en la naturaleza humana. La seguridad de la propia vida es un derecho de naturaleza, la seguridad de los bienes es un derecho de sociedad. El número de motivos que impulsan a los hombres más allá del natural sentimiento de piedad es muchísimo menor que el número de motivos que por la natural avidez de ser felices los impulsan a violar un derecho, que no encuentran en su corazón sino en las convenciones de la sociedad. La máxima diferencia de probabilidades de estas dos clases exige que se regulen con principios diferentes: en los delitos más atroces, por ser más raros, debe disminuirse el tiempo del examen por el incremento de la probabilidad de la inocencia del reo,[95] y debe crecer el tiempo de la prescripción, porque de la definitiva sentencia de inocencia o culpabilidad de un hombre depende quitar la ilusión de la impunidad, de la que crece el daño con la atrocidad del delito. Pero en los delitos menores, al menguar la probabilidad de la inocencia del reo, debe crecer el tiempo del examen y, al reducirse el daño de la impunidad, debe disminuirse el tiempo de la prescripción. Tal distinción de los delitos en dos clases no debería admitirse si igualmente disminuyera el daño de la impunidad cuanto crece la probabilidad del delito. Reflexiónese que un acusado, del que no consta ni su inocencia ni su culpabilidad, aunque sea liberado por falta de pruebas, puede ser sometido por el mismo delito a nueva captura y a nuevos exámenes, si emanan nuevos indicios indicados por la ley, hasta que pasa el tiempo de la prescripción fijada para su delito. Tal es al menos el temperamento que me parece oportuno para defender la seguridad y la libertad de los súbditos, siendo muy fácil que una se vea favorecida a expensas de la otra, de modo que estos dos bienes, que forman el patrimonio inalienable e igual de cada ciudadano, sean protegidos y custodiados uno del despotismo abierto o enmascarado, el otro de la anarquía turbulenta y popular.

XXXI

Delitos de prueba difícil

En vista de estos principios, parecerá extraño al que no reflexiona que la razón casi nunca ha sido la legisladora de las naciones, que los delitos más atroces o más oscuros y quiméricos, es decir, aquellos cuya improbabilidad es mayor, se prueben con las conjeturas y las pruebas más débiles y equívocas: como si las leyes y el juez tuvieran el interés de no buscar la verdad sino de probar el delito; como si no hubiera un peligro tanto mayor de condenar a un inocente cuando a la probabilidad de la inocencia la supera la probabilidad del delito. Falta en la mayor parte de los hombres ese vigor necesario por igual para los grandes delitos como para las grandes virtudes, por lo que parece que los unos son siempre contemporáneos de las otras en aquellas naciones que se sostienen más por la actividad del gobierno y de las pasiones que aspiran al bien público que por su masa[96] o la constante bondad de las leyes. En éstas[97] las pasiones debilitadas parecen más aptas para mantener que para mejorar la forma de gobierno. De ello deriva una consecuencia importante, que no siempre en una nación los grandes delitos demuestran su decadencia.

Existen algunos delitos que son al mismo tiempo frecuentes en la sociedad y difíciles de probar, y en ellos la dificultad de la prueba indica la probabilidad de la inocencia, y siendo el daño de la impunidad tanto menos estimable por cuanto la frecuencia de estos delitos depende de principios diferentes del peligro de la impunidad, el tiempo del examen y el de la prescripción deben disminuirse igualmente. Y sin embargo los adulterios, la libido griega,[98] que son delitos de difícil prueba, son los que según los principios recibidos admiten las presunciones tiránicas,[99] las *casi pruebas*, las *semipruebas* (como si un hombre pudiera ser "semiinocente" o "semirreo", es decir, "semipunible" y "semiabsolvible"), donde la tortura ejerce su cruel imperio en la persona del acusado, en los testigos y hasta en toda la familia de un infeliz, como con inicua frialdad enseñan algunos doctores, que toman al juez por norma y por ley.

El adulterio es un delito que, considerado políticamente, deriva su fuerza y su dirección de dos causas: las leyes variables de los hombres y aquella fortísima atracción que impulsa a un sexo hacia el otro; semejante en muchos casos a la gravedad motriz del universo, porque como ella disminuye con las distancias, y si una modifica todos los movimientos de la otra, así la otra casi todos los del ánimo, mientras dura su período; diferente en esto de que la gravedad se pone en equilibrio con los obstáculos, pero aquella en general toma fuerza y vigor con el incremento de los obstáculos mismos.

Si debiera hablar de naciones aún carentes de la luz de la religión, diría que existe aun otra diferencia considerable entre éste y los otros delitos. Se origina en el abuso de una necesidad constante y universal de toda la humanidad, necesidad anterior, en realidad fundadora de la sociedad misma, donde los otros delitos destructores de ella tienen un origen más determinado por las pasiones momentáneas que por una necesidad natural. Para el que conoce la historia y al hombre, tal necesidad parece siempre igual en el mismo clima a una cantidad constante. Si eso fuera cierto, serían inútiles, antes bien perniciosas esas leyes y esas costumbres que trataran de disminuir la suma total, porque su efecto sería el de cargar una parte de las necesidades propias y ajenas, pero serían sabias las que, por así decir, siguiendo la fácil inclinación del plano, dividieran y esparcieran la suma en varias porciones iguales y pequeñas, que impidieran de manera uniforme en todas partes la aridez y el anegamiento. La fidelidad conyugal es siempre proporcional al número y a la libertad de los matrimonios. Donde los rigen prejuicios hereditarios, donde la potestad doméstica[100] los combina y los disuelve, ahí la galantería rompe secretamente sus vínculos en desmedro de la moral vulgar, cuyo oficio es declarar contra los efectos perdonando las causas. No hay necesidad de tales reflexiones para quien, viviendo en la verdadera religión, tiene motivos más sublimes, que corrigen la fuerza de los efectos naturales. La acción de tal delito es tan instantánea y misteriosa, está tan cubierta por ese velo mismo que han puesto las leyes, velo necesario pero frágil, que aumenta el valor de la cosa en lugar de menguarlo, las ocasiones tan fáciles, las consecuencias tan equívocas, que al legislador le resulta más factible prevenirlo que corregirlo. Regla general: en todo delito que por su naturaleza debe quedar impune la mayoría de las veces, la pena se convierte en un incentivo. Es propiedad de nuestra imaginación que las dificultades, si no son insuperables o demasiado difíciles respecto de la pereza de ánimo de cada hombre, excitan más vivamente la imaginación y agrandan el objeto, porque son como defensas que impiden que la imaginación vagabunda y voluble salga del objeto y, obligándola a recorrer todas las relaciones, se apega más estrechamente a la parte agradable a la que nuestro ánimo se lanza más naturalmente, y no a la dolorosa y funesta de la que huye y se aleja.

La pasión ática[101] tan severamente castigada por las leyes y tan fácilmente sometida a los tormentos que vencen la inocencia, tiene menos su fundamento en las necesidades del hombre aislado y libre que en las pasiones del hombre sociable y esclavo. Toma su fuerza no tanto de la saciedad de los placeres como de esa educación que empieza por hacer a los hombres inútiles a sí mismos para hacerlos útiles a los otros, en esas casas[102] donde se condensa la ardiente juventud, donde hay un dique insuperable para todo otro comercio, todo el vigor de la naturaleza que se desarrolla se consume inútilmente para la humanidad, en realidad anticipa su vejez.

El infanticidio[103] es igualmente el efecto de una contradicción inevitable en la que se encuentra una persona que ha cedido por debilidad o por violencia. Quien se encuentra entre la infamia y la muerte de un ser incapaz de sentir los males, ¿cómo no preferirá ésta a la miseria infalible a la que se verían expuestos ella y el fruto infeliz? La mejor manera de prevenir este delito sería proteger con leyes eficaces la debilidad contra la tiranía, la que exagera los vicios que no pueden cubrirse con el manto de la virtud.

No pretendo disminuir el justo horror que merecen estos delitos; pero, al indicar sus fuentes, me creo en el derecho de extraer una consecuencia general, es decir, que no se puede llamar precisamente justa (lo que quiere decir necesaria) la pena de un delito hasta tanto la ley haya adoptado el mejor medio posible para prevenirlo en las circunstancias dadas de una nación.

XXXII

Suicidio

El suicidio es un delito que no parece poder admitir una pena propiamente dicha, porque ella sólo puede caer en los inocentes,[104] o en un cuerpo frío e insensible. Si ésta no causa impresión alguna en los vivos, como no lo haría azotar a una estatua, aquélla es injusta y tiránica, porque la libertad política de los hombres supone necesariamente que las penas sean sólo personales. Los hombres aman demasiado la vida, y todo cuanto los rodea los confirma en ese amor. La seductora imagen del placer y la esperanza, dulcísimo engaño de los mortales, por el cual apuran a grandes sorbos el mal mezclado con pocas gotas de contento, los atrae mucho como para temer que la necesaria impunidad de tal delito tenga alguna influencia sobre los hombres. El que teme al dolor obedece las leyes, pero la muerte extingue en el cuerpo todas las fuentes. ¿Cuál será el motivo, entonces, que retenga la mano desesperada del suicida?

Todo el que se mata le causa a la sociedad un mal menor que aquel que sale para siempre de los confines, porque aquél deja toda su sustancia pero éste se transporta a sí mismo con parte de su haber.[105] En realidad, si la fuerza de la sociedad consiste en el número de los ciudadanos, con sustraerse a sí mismo y darse a una nación vecina causa un daño doble que el que simplemente se retira de la sociedad con la muerte. La cuestión, entonces, se reduce a saber si es útil o perjudicial para la nación dar una perpetua libertad de ausentarse a cada uno de sus miembros.

Toda ley que no esté sustentada, o a la que la naturaleza de las circunstancias vuelva inexistente, no debe promulgarse; y como sobre los ánimos reina la opinión, que obedece a las impresiones lentas e indirectas del legislador, que resiste a las directas y violentas, así las leyes inútiles, despreciadas por los hombres, comunican su envilecimiento a las leyes antiguas más sanas, que son consideradas más como un obstáculo a superar que como el depósito del bien público. En realidad, si como se dijo, nuestros sentimientos son limitados, cuanta veneración tengan los hombres por objetos ajenos a las leyes, tanto menos quedará para las leyes mismas. El sabio dispensador de la felicidad pública puede extraer de este principio algunas consecuencias útiles que, si las expusiera, me alejarían demasiado de mi tema, que es la inutilidad de hacer del Estado una cárcel. Tal ley es inútil porque, a menos que escollos inaccesibles o un mar innavegable separen a un país de todos los otros, ¿cómo cerrar todos los puntos de su circunferencia y cómo custodiar a los custodios? El que transporta todo, una vez que lo ha hecho, no puede ser castigado por ello. En cuanto se comete ese delito, ya no puede castigarse, y penarlo antes es castigar la voluntad de los hombres y no las acciones; es mandar la intención, parte muy libre del hombre respecto del imperio de las leyes humanas. Castigar al ausente en los bienes que ha dejado, más allá de la fácil e inevitable colusión, que no puede evitarse sin tiranizar los contratos, encallaría[106] todo comercio de nación a nación. Castigar al reo cuando vuelve, sería impedir que se repare el mal hecho a la sociedad al hacer perpetuas todas las ausencias. La prohibición misma de salir de un país aumenta el deseo de salir de los nacionales, y es una advertencia a los extranjeros de que no deben introducirse.

¿Qué debemos pensar de un gobierno que no tiene otro medio, aparte del temor, para retener a los hombres, naturalmente apegados a su patria por las primeras impresiones de la infancia? La manera más segura de fijar a los ciudadanos en la patria es aumentar el bienestar relativo de cada uno. Como se debe hacer todo esfuerzo para que la balanza del comercio esté a nuestro favor, así es del máximo interés del soberano y de la nación que la suma de la felicidad, comparada con la de las naciones circunstantes, sea mayor que en otra parte. Los placeres del lujo no son los principales elementos de esta felicidad, aunque ése sea un remedio necesario para la desigualdad, que crece con los progresos de una nación, sin los cuales las riquezas se condensarían en una sola mano. Donde los confines de un país se aumentan en mayor razón que la población de ese país, ahí el lujo favorece al despotismo, porque cuanto más raros son los hombres tanto menor es la industria; y cuanto menor es la industria tanto más depende la pobreza del fausto, y es tanto más difícil y menos temida la reunión de los oprimidos contra los opresores, porque las adoraciones, los cargos, las distinciones, la sumisión, que hacen más sensible la distancia entre el fuerte y el débil, se obtienen con mayor facilidad de los pocos que de los muchos, siendo los hombres tanto más independientes cuanto menos observados,[107] y tanto menos observados cuanto mayor es su número. Pero donde la población crece en mayor proporción que los confines, el lujo se opone al despotismo, porque anima la industria y la actividad de los hombres, y la necesidad[108] ofrece demasiados placeres y ventajas al rico porque tienen mayor lugar los lujos de ostentación, que aumentan la opinión de dependencia. Entonces puede observarse que en los

Estados vastos y débiles y despoblados, si otras causas ponen obstáculos, el lujo de ostentación prevalece al de ventaja; pero en los Estados más poblados que vastos, el lujo de ventaja siempre hace disminuir el de ostentación. Pero el comercio y el pasaje de los placeres del lujo tienen este inconveniente de que, por mucho que se haga por medio de muchos, comienza en pocos y termina en pocos, y sólo poquísima parte puede gustar el mayor número, de modo que no impide el sentimiento de la miseria, causado más por la comparación que por la realidad. Pero la seguridad y la libertad limitadas por las solas leyes son aquellas que forman la base principal de esta felicidad, con las cuales los placeres del lujo favorecen a la población, y sin las cuales se convierten en el instrumento de la tiranía.[109] Así como las fieras más generosas y los libérrimos pájaros se alejan a las soledades y los bosques inaccesibles, y abandonan las campañas fértiles y amables al hombre insidiador, así los hombres huyen de los placeres mismos cuando los distribuye la tiranía.

Está demostrado entonces que la ley que encarcela a los súbditos en su país es inútil e injusta. Entonces lo será igualmente la pena del suicidio; y por ello, aunque sea una culpa que Dios castiga, porque sólo puede castigar también después de la muerte, no es un delito ante los hombres, porque la pena, en lugar de caer sobre el reo mismo, cae sobre su familia. Si alguno rebatiera que tal pena puede no obstante disuadir a un hombre decidido a matarse, yo le respondo: al que renuncia tranquilamente al bien de la vida, que odia la existencia acá abajo, a tal punto que prefiere una eternidad infeliz, no debe conmoverlo nada la menos eficaz y más lejana consideración de los hijos o parientes.

XXXIII

Contrabandos

El contrabando es un verdadero delito que ofende al soberano y a la nación, pero su pena no debe ser infamante, porque una vez cometido, no produce infamia en la opinión pública. Todo el que da penas infamantes a delitos que no son considerados tales por los hombres, mengua el sentimiento de infamia hacia aquellos que lo son. Cualquiera que ve que se establece la misma pena de muerte, por ejemplo, al que mata a un faisán y al que asesina a un hombre o falsifica un escrito importante, no hace ninguna diferencia entre estos delitos, y se destruyen así los sentimientos morales, obra de muchos siglos y mucha sangre, lentísimos y difíciles de producirse en el ánimo humano, para dar vida a los cuales se creyó necesario la ayuda de los motivos más sublimes y cierto aparato de graves formalidades.

 Este delito nace de la ley misma porque, al crecer la gabela, crece siempre la ventaja, pero la tentación de hacer el contrabando y la facilidad de cometerlo crece con la circunferencia a custodiar y con la disminución del volumen de la mercadería misma. La pena de perder la mercadería ilegal[110] y los bienes que la acompañan es justísima, pero será tanto más eficaz cuanto menor sea la gabela, porque los hombres sólo arriesgan en proporción de la ventaja que produciría el resultado feliz de la empresa.

 ¿Pero por qué este delito no causa infamia al autor, siendo un hurto cometido al príncipe, y en consecuencia a la nación misma? Respondo que las ofensas que los hombres creen que no pueden hacérselas a ellos no les interesan tanto que baste para producir la indignación pública contra quien la comete. Tal es el contrabando. Los hombres a los que las consecuencias remotas les causan impresiones debilísimas, no ven el daño que les puede acarrear el contrabando, y a menudo gozan sus ventajas presentes. No ven más que el daño cometido al príncipe; no les interesa entonces privar de sus sufragios al que comete un contrabando, como contra el que comete un hurto privado, contra el que falsifica su letra y otros males que les pueden suceder. Principio evidente de que todo ser sensible sólo se interesa por los males que conoce. ¿Pero se debe dejar impune tal delito contra quien no tiene bienes que perder? No, hay contrabandos que interesan tanto a la naturaleza del tributo, parte tan esencial y tan difícil en una buena legislación, que ese delito merece una pena considerable, hasta la cárcel misma, hasta la esclavitud; pero cárcel y esclavitud conforme a la naturaleza del delito mismo. Por ejemplo, el encarcelamiento del contrabandista de tabaco no debe ser común con el del sicario o el ladrón, y los trabajos del primero, limitados a la pena y el servicio de la regalía misma que ha querido defraudar,[111] serán los más conformes a la naturaleza de las penas.

XXXIV

De los deudores

La buena fe de los contratos, la seguridad del comercio obligan al legislador a asegurar a los acreedores las personas de los deudores quebrados, pero yo creo importante distinguir al quebrado doloso[112] del quebrado inocente; el primero debería ser punido con la misma pena que se le asigna al falsificador de monedas, porque falsificar una pieza de metal acuñado, que es una garantía de las obligaciones de los ciudadanos, no es mayor delito que falsificar las obligaciones mismas. Pero el quebrado inocente, aquel que después de un riguroso examen ha probado ante sus jueces que la malicia ajena o la desgracia ajena o las vicisitudes que no puede evitar la prudencia humana lo han despojado de sus bienes, ¿por qué bárbaro motivo se lo debe arrojar a la cárcel, privado del único y triste bien que le queda de una desnuda libertad, para experimentar la angustia de los culpables y para arrepentirse tal vez, con la desesperación de la probidad agraviada, de aquella inocencia con la cual vivía tranquilo bajo la tutela de esas leyes que no estaba en su poder no ofender, leyes dictadas por los poderosos por avidez, y toleradas por los débiles por esa esperanza que en general brilla en el ánimo humano, que nos hace creer que los acontecimientos desfavorables son para los otros y los ventajosos para nosotros? Los hombres abandonados a sus sentimientos más obvios prefieren las leyes crueles aunque, sujetos a las mismas, sería del interés de todos que fueran moderadas, porque es mayor el temor de ser ofendidos que el deseo de ofender. Volviendo al quebrado inocente, digo que si deberá ser inextinguible su obligación hasta el pago total, si no le es concedido sustraerse a ello sin el consenso de las partes interesadas y llevar su industria bajo otras leyes,[113] la que debería ser obligado con penas a regresar para volver a estar en condiciones de pagar en proporción a sus progresos, ¡cuál será el pretexto legítimo, como la seguridad del comercio, como la sagrada propiedad de los bienes, que justifique una privación de la libertad inútil salvo en el caso de hacer revelar con el mal de la esclavitud los secretos de un supuesto quebrado inocente,[114] caso rarísimo en la suposición de un examen riguroso! Creo máxima legislatoria que el valor de los inconvenientes políticos está en razón compuesta de la directa del daño público, y de la inversa de la improbabilidad de que se verifique.[115] Se podría distinguir el dolo de la culpa grave, la grave de la ligera, y ésta de la inocencia perfecta, y asignándole al primero las penas de los delitos de falsificación, a la segunda penas menores pero con privación de libertad, reservando a la última elección libre de los medios para restablecerse, quitándole a la tercera la libertad de hacerlo, otorgándosela a los acreedores.[116] Pero las distinciones de grave y de ligero las deben fijar las leyes ciegas e imparciales, no la prudencia peligrosa y arbitraria de los jueces. La fijación de los límites es tan necesaria en la política como en la matemática, tanto en la medida del bien público como en la medida de las grandezas.[117]

¡Con qué facilidad el legislador previsor podría impedir una gran parte de las quiebras culpables, y remediar las desgracias del inocente industrioso! El registro público y manifiesto de todos los contratos, y la libertad de todos los ciudadanos para consultar los documentos bien ordenados, un banco público formado por los tributos sobre el comercio feliz sabiamente repartidos, banco destinado a socorrer con las sumas oportunas al miembro infeliz e inocente, no tendrían ningún inconveniente real y podrían producir innumerables ventajas. Pero las leyes fáciles, simples y grandes, que no esperan más que la señal del legislador para expandir en el seno de la nación la abundancia y la robustez, leyes que lo colmarían de himnos inmortales de reconocimiento de generación en generación, son las menos conocidas o las menos deseadas. Un espíritu inquieto y menudo, la tímida prudencia del momento presente, una rigidez cautelosa hacia las novedades se adueñan de los sentimientos del que combina la multitud de acciones de los pequeños mortales.

XXXV

Asilos

Pero todavía me quedan dos cuestiones a examinar: una, si los asilos[118] son justos, y si es útil o no el pacto entre las naciones de entregarse recíprocamente los reos.[119] Dentro de los confines de un país no debe existir lugar alguno independiente de las leyes. La fuerza de ellas debe seguir a cada ciudadano, como la sombra sigue al cuerpo. La impunidad y el asilo no difieren ni más ni menos, y como la impresión de la pena consiste más en la seguridad de encontrarla que en su fuerza, los asilos invitan más a los delitos de cuanto los alejan las penas. Multiplicar los asilos es formar muchas soberanías pequeñas, porque donde no mandan las leyes pueden formarse otras nuevas y opuestas a las comunes, y un espíritu contrario al del cuerpo entero de la sociedad. Todas las historias permiten ver que de los asilos surgieron grandes revoluciones en los Estados y en las opiniones de los hombres. Pero si es útil para las naciones entregarse recíprocamente los reos, no me atrevería a decidir esta cuestión hasta que las leyes más conformes a las necesidades de la humanidad, las penas más dulces y extinguida la dependencia del arbitrio y de la opinión, hagan más segura la inocencia oprimida y la detestada virtud; hasta que la tiranía salga por completo de la razón universal, que une en medida creciente los intereses del trono y de los súbditos, confinada en las vastas planicies de Asia, aunque la persuasión de no hallar un palmo de tierra que perdone los verdaderos delitos sería un medio eficacísimo para prevenirlos.

XXXVI

De la talla

La otra cuestión es si resulta útil ponerle un precio a la cabeza de un hombre al que se sabe reo y, armando el brazo de algún ciudadano, hacer de él un verdugo. El reo está fuera de los confines o dentro: en el primer caso el soberano estimula a los ciudadanos a cometer un delito, y los expone a un suplicio, cometiendo así una injuria y una usurpación de autoridad en los otros dominios, y autoriza de esa manera a las otras naciones a hacer lo mismo con él; en el segundo, muestra la propia debilidad. El que tiene la fuerza para defenderse no trata de comprarla. Además, tal edicto perturba todas las ideas de moral y de virtud, que a todo mínimo viento desaparecen en el ánimo humano. Ora las leyes invitan a la traición, ora castigan. Con una mano, el legislador estrecha los vínculos de familia, de parentesco, de amistad, y con la otra premia al que los rompe y al que los quiebra; siempre contradictorio consigo mismo, ya invita a la confianza a los ánimos recelosos de los hombres, ya difunde la desconfianza en todos los corazones. En lugar de prevenir un delito, hace nacer cien. Éstos son los expedientes de las naciones débiles, cuyas leyes no son más que instantáneas reparaciones de un edificio ruinoso que se derrumba por todas partes. A medida que crecen las luces de una nación, la buena fe y la confianza recíproca se tornan necesarias, y en medida creciente tienden a confundirse con la verdadera política. Los artificios, las cábalas, las vías oscuras e indirectas, en general están previstos, y la sensibilidad de todos debilita la sensibilidad de cada uno en particular.[120] Los mismos siglos de ignorancia, en los que la moral pública obliga a los hombres a obedecer a la privada, sirven de instrucción y de experiencia a los siglos iluminados. Pero las leyes que premian la traición y que excitan una guerra clandestina al esparcir la sospecha recíproca entre los ciudadanos, se oponen a esta tan necesaria reunión de la moral y la política, a la que los hombres le deberían su felicidad, las naciones la paz y el universo algún intervalo más prolongado de tranquilidad y de reposo de los males que lo recorren.

XXXVII

Atentados, cómplices, impunidad

El hecho de que las leyes no castiguen la intención no significa que un delito que comience con alguna acción que manifiesta la voluntad de realizarlo no merezca una pena, si bien menor a la de la ejecución misma del delito. La importancia de prevenir un atentado autoriza una pena; pero como entre el atentado y la ejecución puede haber un intervalo, así la pena mayor reservada al delito consumado puede dar lugar al arrepentimiento. Lo mismo puede decirse cuando son varios los cómplices de un delito, y no todos ejecutores inmediatos, pero por una razón diferente. Cuando varios hombres se unen en un riesgo, cuanto más grande es el riesgo más probable es que sea igual para todos; será entonces difícil hallar al que se contente con ser el ejecutor, corriendo un riesgo mayor que los otros cómplices. La sola excepción sería en el caso de que al ejecutor le sea fijado un premio; al tener una compensación por el mayor riesgo, la pena debería ser igual.[121] Tales reflexiones parecerán demasiado metafísicas para el que no reflexione que es utilísimo que las leyes procuren menos motivos de acuerdo posibles entre los compañeros de un delito.

Algunos tribunales le ofrecen la impunidad a aquel cómplice de un grave delito que descubre a sus compañeros. Tal expediente tiene sus inconvenientes y sus ventajas. Los inconvenientes son que la nación autoriza la traición, detestable aun entre los perversos, porque son menos fatales para una nación los delitos de coraje que los de vileza, porque el coraje no es frecuente, y sólo hace falta una fuerza benéfica y directriz para hacerlo colaborar en el bien público, y la segunda es más común y contagiosa, y se concentra cada vez más en sí misma. Además, el tribunal hace ver su propia incertidumbre, la debilidad de la ley, que implora la ayuda del que la ofende. Las ventajas son la prevención de los delitos importantes y que, siendo evidentes los efectos y estando ocultos los autores, atemorizan al pueblo; además se contribuye a mostrar que quien carece de fe en las leyes, es decir, en lo público, es probable que carezca de fe también en lo privado. Me parece que una ley general que prometiera la impunidad al cómplice revelador de cualquier delito sería preferible a una declaración especial en un caso particular, porque así prevendría las uniones con el recíproco temor que tendría cada cómplice de exponerse; el tribunal no volvería audaces a los perversos a los que se les pide ayuda en un caso particular. Pero tal ley debería acompañar la impunidad con la proscripción del delator... En vano me atormento por el remordimiento que siento al autorizar a las sacrosantas leyes, el monumento de la confianza pública, la base de la moral humana, a la traición y a la disimulación. ¡Qué ejemplo para la nación sería si luego no se cumpliera con la impunidad prometida, y que por doctas cavilaciones se arrastrase al suplicio, en desmedro de la fe pública, al que ha correspondido a la invitación de las leyes! No son raros tales ejemplos en las naciones, y por ello no son raros aquellos que sólo tienen de una nación la idea de una máquina complicada, cuyos mecanismos son manipulados por el más diestro y el más poderoso; fríos e insensibles a todo lo que forma la delicia de las almas tiernas y sublimes, excitan con imperturbable sagacidad los sentimientos más caros y las pasiones más violentas, si en cuanto los ven útiles a sus fines, manejan los ánimos como los músicos los instrumentos.

XXXVIII

Interrogaciones sugestivas, deposiciones

Nuestras leyes proscriben las interrogaciones que se denominan *sugestivas* en un proceso, es decir, aquellas que según los doctores interrogan sobre la *especie* cuando deberían interrogar acerca del *género*,[122] en las circunstancias de un delito, o sea aquellas interrogaciones que teniendo una conexión inmediata con el delito, le *sugieren* al reo una respuesta inmediata. Según los criminalistas, las interrogaciones deben, por así decir, envolver en espiral el hecho, nunca ir directamente hacia él. Los motivos de este método son no *sugerirle* al reo una respuesta que lo ponga al resguardo de la acusación, o el hecho de que parece contrario a la naturaleza que un reo se acuse de inmediato a sí mismo. Se trate de cualquiera de esos dos motivos, resulta notable la contradicción de las leyes que juntamente con tal costumbre autorizan la tortura; porque ¿qué interrogación es más *sugestiva* que el dolor? El primer motivo se verifica en la tortura, porque el dolor le *sugiere* al robusto un obstinado silencio con el cual cambiar la pena mayor por la menor, y al débil le *sugiere* la confesión, con la cual liberarse del tormento presente, más eficaz por el momento que el dolor futuro. El segundo motivo es evidentemente el mismo, porque si una interrogación *especial*[123] hace que el reo confiese contra el derecho de naturaleza, los espasmos lo harán mucho más fácilmente: pero los hombres se rigen más por la diferencia de los nombres que por la de las cosas. Entre otros abusos de la gramática que han influido no poco en los asuntos humanos, es notable el que vuelve nula e ineficaz la deposición de un reo ya condenado; él está *muerto civilmente*, dicen gravemente los jurisconsultos peripatéticos, y un *muerto* no es capaz de acción alguna. Para sostener esta vana metáfora han sido sacrificadas muchas víctimas, y con frecuencia se ha discutido con seria reflexión si la verdad debería ceder a las fórmulas judiciales. Mientras las deposiciones de un reo condenado no lleguen a un punto que detengan el curso de la justicia, ¿por qué no se debería conceder, aun después de la condena, un espacio congruente a la extrema miseria del reo y a los intereses de la verdad, de modo que al aducir él cosas nuevas, que cambian la naturaleza del hecho, pueda justificar un juicio nuevo para sí o para otros? Las formalidades y las ceremonias son necesarias en la administración de la justicia, porque nada dejan al arbitrio del administrador, porque le dan idea al pueblo de un juicio no tumultuoso ni interesado, sino estable y regular, porque en los hombres imitadores y esclavos de la costumbre causan una impresión más eficaz las sensaciones que los raciocinios. Pero la ley no puede fijarlos sin un peligro fatal, de manera que perjudiquen la verdad, que por ser demasiado simple o demasiado compuesta tiene necesidad de cierta pompa externa que la concilie con el pueblo ignorante. Finalmente, aquel que en el examen se obstinara en no responder a las interrogaciones que se le formulen merece una pena fijada por las leyes, y una de las penas más graves que ellas prevén, para que los hombres no frustren así la necesidad del ejemplo que deben al público. No es necesaria esta pena cuando no haya duda de que un acusado cometió un delito, de modo que las interrogaciones sean inútiles, del mismo modo en que es inútil la confesión del delito cuando otras pruebas justifican la culpabilidad. Este último caso es el más ordinario, porque la experiencia permite ver que en la mayor parte de los procesos los reos son negativos.[124]

XXXIX

De un género particular de delitos

Todo el que lea este escrito se dará cuenta de que he omitido un género de delitos que ha cubierto a Europa de sangre humana y que ha levantado funestas pilas, donde servían de alimento a las llamas los cuerpos vivos humanos, cuando era divertido espectáculo y grata armonía para la multitud ciega oír los gemidos sordos y confusos de los desgraciados que salían de los vórtices de humo negro, humo de miembros humanos, entre el crepitar de los huesos carbonizados y la fritura de vísceras aún palpitantes. Pero los hombres razonables verán que el lugar, el siglo y la materia no me permiten examinar la naturaleza de tal delito.[125] Demasiado largo y ajeno a mi tema sería demostrar cómo es necesaria una perfecta uniformidad de pensamientos en un Estado, contra el ejemplo de muchas naciones; cómo las opiniones, que distan entre sí sólo por algunas sutilísimas y oscuras diferencias demasiado lejanas de la capacidad humana, pueden perturbar el bien público cuando no es autorizada[126] una en preferencia a las otras; y cómo la naturaleza de las opiniones está formada de tal manera que mientras algunas con el contraste fermentan y combaten juntas y se aclaran, y al imponerse las verdaderas, las falsas se sumergen en el olvido, otras, desguarnecidas por su constancia desnuda, deben ser revestidas de autoridad y de fuerza. Demasiado largo sería probar cómo, por odioso que parezca el imperio de la fuerza sobre las mentes humanas, cuyas únicas conquistas son la disimulación, y por lo tanto el envilecimiento; por contrario que parezca al espíritu de mansedumbre y fraternidad ordenado por la razón y por la autoridad que más veneramos, sin embargo es necesario e indispensable. Todo ello debe creerse evidentemente probado y conforme a los verdaderos intereses de los hombres, si existe quien lo ejerce con reconocida autoridad. No hablo sino de los delitos que emanan de la naturaleza humana y del pacto social, y no de los pecados, de los cuales las penas, aun temporales, deben regularse con otros principios que los de una limitada filosofía.

XL

Falsas ideas de utilidad

Una fuente de errores y de injusticias son las falsas ideas de utilidad que se forman los legisladores. Falsa idea de utilidad es aquella que antepone los inconvenientes particulares al inconveniente general, la que manda a los sentimientos en lugar de excitarlos, la que le dice a la lógica: sirves. Falsa idea de utilidad es aquella que sacrifica mil ventajas reales por un inconveniente imaginario o de poca importancia, que les quitaría a los hombres el fuego porque incendia y el agua porque anega, que no repara los males sino destruyendo. Las leyes que prohíben portar armas son leyes de tal naturaleza; sólo desarman a los no inclinados ni decididos a los delitos, mientras aquellos que tienen el coraje de violar las leyes más sagradas de la humanidad y las más importantes del código, ¿cómo pueden respetar las menores y las puramente arbitrarias, de las cuales tanto más fáciles e impunes deben ser las contravenciones, y la ejecución exacta de las cuales quita la libertad personal, carísima al hombre, carísima al iluminado legislador, y somete a los inocentes a todas las vejaciones debidas a los reos? Éstas empeoran la condición de los atacados, mejoran la de los atacantes, no disminuyen los homicidios sino que los incrementan, porque es mayor la confianza al atacar a los desarmados que a los armados. Éstas se denominan leyes no preventivas sino temerosas de los delitos, que nacen de la impresión tumultuosa de algunos hechos particulares, no de la razonada meditación de los inconvenientes y las ventajas de un decreto universal. Falsa idea de utilidad es la que desearía darle a una multitud de seres sensibles la simetría y el orden que sufre la materia bruta e inanimada, que descuida los motivos presentes, que sólo con constancia y con fuerza actúan sobre la multitud, para dar fuerza a los lejanos, de los cuales muy breve y débil es la impresión, si una fuerza de la imaginación, no común en la humanidad, no supliera con la ampliación la lejanía del objeto. Finalmente, es falsa idea de utilidad aquella que, sacrificando las cosas al nombre, separa el bien público del bien de todos los particulares. Existe una diferencia del estado de sociedad al estado de naturaleza en que el hombre salvaje no hace a los otros más que el daño necesario para hacerse el bien a sí mismo, pero el hombre sociable a veces es impulsado por las malas leyes a ofender a otros sin hacerse bien a sí mismo. El despótico impone el temor y el abatimiento en el ánimo de sus esclavos, que vuelven con mayor fuerza para atormentar el ánimo de él. Cuanto más solitario y doméstico es el temor, tanto menos peligroso es para quien hace de él el instrumento de su felicidad; pero cuanto más público es y agita a una cantidad más grande de hombres, tanto más fácil es que haya un imprudente, o un desesperado, o un audaz inteligente que haga que los hombres sirvan a su fin, despertando en ellos sentimientos más gratos y tanto más seductores cuando el riesgo de la empresa cae sobre un número mayor, y el valor que los infelices le dan a la propia existencia disminuye en proporción a la miseria que sufren. Ésta es la causa de que las ofensas den lugar a otras nuevas, porque el odio es un sentimiento tanto más duradero que el amor, por cuanto el primero cobra fuerza de la continuación de los actos, lo que debilita al segundo.

XLI

Cómo se previenen los delitos

Es mejor prevenir los delitos que punirlos.[127] Éste es el fin principal de toda buena legislación, que es el arte de conducir a los hombres al máximo de felicidad o al mínimo de infelicidad posible, para hablar según todos los cálculos de los bienes y los males de la vida. Pero los medios empleados hasta ahora son en su mayoría falsos y opuestos al fin propuesto. No es posible reducir la turbulenta actividad de los hombres a un orden geométrico sin irregularidad y confusión. Así como las leyes constantes y simplísimas de la naturaleza no impiden que los planetas se perturben en sus movimientos, así en las infinitas y tan opuestas atracciones del placer y del dolor las leyes humanas no pueden impedir las perturbaciones y el desorden. Y sin embargo, ésta es la quimera de los hombres limitados, cuando poseen el mando. Prohibir una multitud de acciones indiferentes no es prevenir los delitos que no pueden nacer, sino crear nuevos delitos, definir a voluntad la virtud y el vicio, que nos predican eternos e inmutables. ¿A qué nos veríamos reducidos si nos fuera vedado todo lo que puede inducirnos al delito? Sería necesario privar al hombre del uso de sus sentidos. Por un motivo que impulsa a los hombres a cometer un verdadero delito, hay mil que los llevan a cometer esas acciones indiferentes que las malas leyes denominan delitos; y si la probabilidad de los delitos es proporcional al número de los motivos, ampliar la esfera de los delitos es incrementar la probabilidad de cometerlos. La mayor parte de las leyes no son más que privilegios, es decir, un tributo de todos a la comodidad de algunos pocos.

¿Se desea prevenir los delitos? Es preciso que las leyes sean claras, simples, y que toda la fuerza de la nación se limite a defenderlas y que ninguna parte de ella sea empleada en destruirlas. Es preciso que las leyes favorezcan menos las clases de los hombres que a los hombres mismos. Es preciso que los hombres les teman, y que teman sólo a ellas. El temor a las leyes es saludable, pero fatal y fecundo en delitos es el del hombre al hombre. Los hombres esclavos son más voluptuosos, más libertinos, más crueles que los hombres libres. Éstos meditan sobre las ciencias, sobre los intereses de la nación, ven grandes objetos y los imitan; pero los que se contentan con el día presente buscan entre el estrépito del libertinaje una distracción del aniquilamiento en que se ven; habituados a la incertidumbre del resultado de cada cosa, el resultado de sus delitos se torna problemático para ellos,[128] en favor de la pasión que los determina. Si la incertidumbre de las leyes cae sobre una nación indolente por clima, ella mantiene y aumenta su indolencia y su estupidez. Si cae en una nación voluptuosa pero activa, ella dispersa la actividad en un número infinito de pequeñas cábalas e intrigas, que difunden la desconfianza en cada corazón y que hacen de la traición y de la disimulación la base de la prudencia. Si cae en una nación valiente y fuerte, la incertidumbre es eliminada al fin, formando primero muchas oscilaciones de la libertad a la esclavitud, y de la esclavitud a la libertad.

XLII

De las ciencias

¿Se desea prevenir los delitos? Se debe lograr que las luces acompañen la libertad. Los males que nacen de las cogniciones están en razón inversa de su difusión, y los bienes están en la directa. Un osado impostor, que siempre es un hombre nada vulgar, cuenta con la adoración de un pueblo ignorante y los silbidos de un iluminado. Las cogniciones facilitan las comparaciones de los objetos y, al multiplicar los puntos de vista, contraponen muchos sentimientos entre sí, que se modifican unos a otros, tanto más fácilmente cuanto se prevén en los otros las mismas visiones y las mismas resistencias. Frente a las luces esparcidas profusamente en la nación, calla la calumniosa ignorancia y tiembla la autoridad desarmada de razones, permaneciendo inmóvil la fuerza vigorosa de las leyes; porque no existe hombre iluminado que no ame los pactos públicos, claros y útiles de la seguridad común, comparando el poco de inútil libertad por él sacrificada con la suma de todas las libertades sacrificadas por los otros hombres, que sin las leyes podían llegar a conspirar contra él. Todo el que posee un alma sensible, al echar una mirada a un código de leyes bien hechas y ver que no ha perdido más que la funesta libertad de hacer mal a los otros, se verá obligado a bendecir el trono y a quien lo ocupa.

No es verdad que las ciencias sean siempre perjudiciales a la humanidad, y cuando lo fueron era un mal inevitable para los hombres. La multiplicación del género humano sobre la faz de la tierra introdujo la guerra, las artes más burdas, las primeras leyes, que eran pactos momentáneos que nacían con la necesidad y que con ella perecían. Ésta fue la primera filosofía de los hombres, cuyos pocos elementos eran justos, porque la indolencia y la poca sagacidad de ellos los preservaba del error. Pero las necesidades se multiplicaban en medida creciente con la multiplicación de los hombres. Se hacían necesarias impresiones más fuertes y duraderas que los disuadieran de los reiterados retornos al primer estado de insociabilidad, que se volvía cada vez más funesto. Hicieron un gran bien a la humanidad aquellos primeros errores que poblaron la tierra de falsas divinidades (digo gran bien político) y que crearon un universo invisible regulado por el nuestro. Fueron benefactores de los hombres aquellos que osaron sorprenderlos y arrastraron a los altares a la dócil ignorancia. Presentándoles objetos que estaban más allá de los sentidos, que se les escapaban a medida que creían alcanzarlos, nunca despreciados porque nunca eran bien conocidos, reunieron y condensaron las pasiones separadas en un solo objeto, que los ocupaba fuertemente. Éstas fueron las primeras vicisitudes de todas las naciones que se formaron con pueblos salvajes, ésa fue la época de la formación de las grandes sociedades, y tal fue su vínculo necesario y tal vez único. No hablo de aquel pueblo elegido por Dios, donde los milagros más extraordinarios y las gracias más señaladas ocuparon el lugar de la política humana. Pero como es propiedad del error subdividirse hasta el infinito, así las ciencias que nacieron hicieron de los hombres una fanática multitud de ciegos, que en un laberinto cerrado se chocan y se confunden, de modo que algunas almas sensibles y filosóficas deploraron hasta el antiguo estado salvaje. Ésta es la primera época, en la cual las cogniciones, o para decirlo mejor las opiniones, son perjudiciales.

La segunda es en el difícil y terrible pasaje de los errores a la verdad, de la oscuridad no conocida a la luz. El choque inmenso de los errores, útiles a pocos poderosos, contra las verdades útiles a muchos débiles, el acercamiento y el fermento de las pasiones, que se despiertan en esa ocasión, causan infinitos males a la mísera humanidad. Todo el que reflexiona sobre las historias, que después de ciertos intervalos de tiempo se asemejan en cuanto a las épocas principales, halla muchas veces una entera generación sacrificada a la felicidad de aquellas que las suceden en el luctuoso pero necesario pasaje de las tinieblas de la ignorancia a la luz de la filosofía, y de la tiranía a la libertad, que son las consecuencias. Pero cuando, calmados los ánimos y apagado el incendio que ha purgado a la nación de los males que la oprimen, y la verdad, cuyos progresos primero son lentos y luego acelerados, se sienta a acompañar a los monarcas en sus tronos y tiene culto y ara en los parlamentos de las repúblicas, ¿quién podrá afirmar nunca que la luz que ilumina a las multitudes es más perjudicial que las tinieblas, y que las relaciones verdaderas y simples de las cosas bien conocidas por los hombres son funestas para ellos?

Si la ciega ignorancia es menos fatal que el mediocre y confuso saber, porque éste agrega a los males de la primera aquellos del error inevitable del que tiene una vista restringida más acá de los confines de lo verdadero, el hombre iluminado es el regalo más precioso que el soberano hace a la nación y a sí mismo, que lo convierte en depositario y custodio de las santas leyes. Habituado a ver la verdad y a no temerla, desprovisto de la mayor parte de las necesidades de la opinión[129] nunca bastante satisfechas, que ponen a prueba la virtud de la mayoría de los hombres, acostumbrado a contemplar la humanidad desde los puntos de vista más elevados, ante él la propia nación se convierte en una familia de hombres hermanos, y la distancia de los grandes al pueblo le parece tanto menor cuanto mayor es la masa de la humanidad que tiene ante su vista. Los filósofos adquieren las necesidades y los intereses no conocidos por los vulgares, principalmente el de no desmentir a la luz pública los principios predicados en la oscuridad, y adquieren el hábito de amar la verdad por sí misma. Una elección de hombres tales hace la felicidad de una nación, pero felicidad momentánea si las leyes buenas no aumentan a tal punto el número que disminuyen la probabilidad, cada vez mayor, de una mala elección.

XLIII

Magistrados

Otro medio para prevenir los delitos es interesar a la asamblea ejecutora de las leyes más en la observancia de ellas que en la corrupción. Cuanto mayor es el número que la compone, tanto menos peligrosa es la usurpación de las leyes, porque la venalidad es más difícil entre miembros que se observan entre sí, y están tanto menos interesados en incrementar la propia autoridad cuanto menor es la porción que a cada uno le tocaría, máximamente comparada con el peligro de la empresa. Si el soberano con el aparato y con la pompa, con la austeridad de los edictos, al no permitir las querellas justas e injustas del que se cree oprimido, acostumbra a los súbditos a temer más a los magistrados que a las leyes, ellos aprovecharán más ese temor de cuanto puede ganar la seguridad propia y pública.

XLIV

Recompensas

Otro medio para prevenir los delitos es el de recompensar la virtud. En este sentido observo un silencio universal en las leyes de todas las naciones del presente. Si los premios propuestos por las academias a los descubridores de las verdades útiles han multiplicado las cogniciones y los buenos libros, ¿por qué los premios distribuidos por la mano benéfica del soberano no deberían multiplicar también las acciones virtuosas? La moneda del honor es siempre inagotable y fructífera en las manos del sabio distribuidor.

XLV

Educación

Finalmente, el medio más seguro pero más difícil de prevenir los delitos es perfeccionar la educación, objeto demasiado vasto y que excede los límites que me he prescrito, objeto, también me animo a decir, que depende demasiado intrínsecamente de la naturaleza del gobierno para que no sea siempre hasta los más remotos siglos de la felicidad un campo estéril, y sólo cultivado acá y allá por pocos sabios. Un gran hombre,[130] que ilumina a la humanidad que lo persigue, ha hecho ver en detalle cuáles son las principales máximas de educación verdaderamente útiles a los hombres, es decir, que consisten menos en una estéril multitud de objetos que en la elección y la precisión de los mismos, en reemplazar las copias por los originales en los fenómenos tanto morales como físicos que el azar o la industria presenta a los ánimos noveles de los jóvenes, en impulsar a la virtud por la fácil vía del sentimiento, y en desviarlos del mal por lo infalible de la necesidad y del inconveniente, y no por la incierta del mando, que sólo obtiene una obediencia simulada y momentánea.

XLVI

De las gracias

A medida que las penas se tornan más dulces, la clemencia y el perdón se hacen menos necesarios. ¡Feliz la nación en la cual fueran funestos! La clemencia, entonces, esa virtud que a veces ha sido para un soberano el suplemento[131] de todos los deberes del trono, debería excluirse de una perfecta legislación en que las penas fueran dulces y el método de juzgar regular y expedito. Esta verdad le parecerá dura al que vive en el desorden del sistema criminal, donde el perdón y las gracias son necesarios en proporción del absurdo de las leyes y de la atrocidad de las condenas. Ésta es la más bella prerrogativa del trono, éste es el más deseable atributo de la soberanía, y ésta es la tácita desaprobación que los benéficos dispensadores de la felicidad pública le dan a un código que con todas las imperfecciones tiene a su favor el prejuicio de los siglos, el voluminoso e imponente aporte de infinitos comentadores, el grave aparato de las eternas formalidades y la adhesión de los más insinuantes y menos temidos semidoctos.[132] Pero se debe considerar que la clemencia es la virtud del legislador y no del ejecutor de las leyes; que debe resplandecer en el código, no en los juicios particulares; que hacer ver a los hombres que se pueden perdonar los delitos y que la pena no es su consecuencia necesaria, es fomentar el engaño de la impunidad, es hacer creer que, pudiéndose perdonar, las condenas no perdonadas son más bien violencias de la fuerza que emanaciones de la justicia. Qué se dirá luego cuando el príncipe otorga las gracias, es decir, la seguridad pública a un particular, y que con un acto privado de beneficencia no iluminada forma un decreto público de impunidad. Que sean entonces inexorables las leyes, inexorables sus ejecutores en los casos particulares, pero que sea dulce, indulgente, humano el legislador. Sabio arquitecto, que haga surgir su edificio sobre la base del amor propio, y que el interés general sea el resultado de los intereses de cada uno, y no se verá obligado a separar a cada momento, con leyes parciales y con remedios tumultuosos, el bien público del bien de los particulares, y a elevar el simulacro de la salud pública sobre el temor y la desconfianza. Profundo y sensible filósofo, que permita que los hombres, que sus hermanos, gocen en paz de esa pequeña porción de felicidad que el inmenso sistema, establecido por la primera Causa,[133] por lo que es, ha hecho gozar en este ángulo del universo.

XLVII

Conclusión

Concluyo con una reflexión, que la magnitud de las penas debe ser relativa al estado de la nación misma. Más fuertes y sensibles deben ser las impresiones sobre los ánimos endurecidos de un pueblo apenas salido del estado salvaje. Hace falta un rayo para abatir a un león feroz que se rebela al golpe de fusil. Pero a medida que los hombres se adecuan al estado de sociedad, crece la sensibilidad y, al crecer ella, debe disminuir la fuerza de la pena si se desea mantener constante la relación entre el objeto y la sensación.

Por cuanto se ha visto hasta ahora, puede derivarse un teorema general muy útil, pero poco conforme al uso de la legislación más común en las naciones, es decir: *para que cada pena no sea una violencia de uno o de muchos contra un ciudadano privado, debe ser esencialmente pública, pronta, necesaria, la mínima de las posibles en las circunstancias dadas, proporcional a los delitos, dictada por las leyes.*

Notas

¹ "En todas las cosas, en especial en las más difíciles, no se debe esperar sembrar y cosechar al mismo tiempo, sino que es necesaria una lenta preparación, para que ellas maduren gradualmente." El fragmento, tomado de *Sermones fideles sive Interiora Rerum* de Francis Bacon, significaba que no se podía esperar una reforma inmediata y completa de la legislación penal de los diversos países de Europa, sino que se la debía proponer y preparar con constancia y firmeza.

² La advertencia no figura en la primera edición de 1764, de publicación anónima. Fue agregada a la tercera edición (1765) como respuesta a las acusaciones contenidas en un opúsculo del monje de Vallombrosa, Ferdinando Facchinei, *Note ed osservazioni sul libro intitolato Dei delitti e delle pene*, aparecido en Venecia a comienzos de 1765. Beccaria no quiso darse a conocer sin antes disculparse de las acusaciones de rebelión al príncipe y a la religión, dirigidas a su libro apenas aparecido.

³ Se alude al *Corpus Iuris Civilis*, vasta suma del derecho romano reunida y organizada por iniciativa del emperador Justiniano (482-565). En lo que respecta al derecho longobardo, la referencia más obvia sería el edicto de Rotario (643). Pero el autor alude polémicamente a toda la tradición jurídica medieval, latina y latino-germánica.

⁴ Benedict Carpzov (1595-1666), profesor de derecho en Leipzig y autor de prestigiosos tratados sobre el procedimiento criminal. Fue famoso por su extremado rigor en los procesos.

⁵ Julio Claro (1525-1573), jurista piamontés. Escribió una enciclopedia jurídica, *Sententiarum receptarum libri V*, que gozó de gran prestigio en su época.

⁶ Prospero Farinacci (1544-1618), jurista y abogado romano, autor de doctas compilaciones sobre cuestiones de derecho penal.

⁷ Alude a la emperatriz María Teresa, que entre 1740 y 1780 dio lugar en

los dominios austríacos a una vasta obra de reforma del Estado. También en Lombardía hizo sentir sus efectos el "buen gobierno" de la emperatriz: se promovieron importantes iniciativas como la constitución del catastro, la abolición de las adjudicaciones fiscales (los famosos contratos), la supresión de órdenes religiosas y privilegios eclesiásticos, etc. Y fueron años de intenso fervor cultural, que vieron el activo empeño civil de los mejores intelectuales de la época.

8 En particular, las contenidas en el opúsculo de Facchinei (cfr. nota 2).

9 La *lex eterna* es la razón divina que gobierna al mundo; la *lex naturalis* es la que emana de la razón del hombre, imperfecta pero partícipe de la luz divina y capaz de distinguir el bien del mal aun en ausencia de una norma escrita. Existe, por último, una ley positiva, fundada por el hombre, que surge de la ley natural, cuyo carácter varía según la diversidad de los lugares, los tiempos y las situaciones. A esa tripartición canónica se remite aquí Beccaria, que alude precisamente al derecho positivo e históricamente determinado cuando habla de las "convenciones artificiales" de la sociedad.

10 Lo explicará mejor más adelante, al referirse a los "pactos expresos o tácitos de los hombres" sobre los que se basa la convivencia social. Las normas y obligaciones que emanan del "contrato social" cambian con el tiempo y son determinadas históricamente.

11 El conjunto de los principios que regulan la vida social.

12 En el pensamiento de Thomas Hobbes (1588-1679), el estado de naturaleza está dominado por el egoísmo y la hostilidad violenta entre los hombres *(homo homini lupus)*. La convivencia se realiza sólo con la renuncia a la libertad y con el otorgamiento del poder absoluto a una autoridad soberana. Beccaria desea conciliar la hipótesis del estado de guerra presocial con el principio de la revelación divina y de la ley natural, suponiendo entre éstas y aquél la corrupción de la naturaleza misma, que le posibilitaba el concepto del pecado original. Y a la justicia divina y natural desea atribuirle entonces un campo de acción muy distinto de la justicia humana o política.

13 Estudioso de derecho público, o mejor dicho, de teorías sobre la naturaleza del Estado (del francés *publiciste*).

14 Normas, tradiciones.

15 Beccaria se refiere a un escrito de los dos Verri, Pietro y Alessandro, aparecido en febrero de 1765 como inmediata réplica polémica al opúsculo de Facchinei: *Risposta ad uno scritto che s'intitola Note ed osservazioni sul libro Dei delitti e delle pene*.

16 Las "leyes próvidas" tienden a distribuir los beneficios entre muchos, oponiéndose a su concentración en las manos de pocos privilegiados.

17 Beccaria retoma una formulación cara a los *philosophes*, largamente dis-

cutida en el curso del siglo. Aquí, y en numerosos otros pasajes del libro (cfr. caps. II, XV, etc.) la génesis de las leyes está basada en la fusión entre las teorías contractualistas de Locke y de Rousseau y las teorías utilitaristas que Beccaria había tomado de Helvetius (1715-1771), del que fue gran admirador.

[18] La incertidumbre del derecho expone al arbitrio sobre todo a la parte más débil del cuerpo social.

[19] Charles de Secondat, barón de Montesquieu (1689-1755) fue presidente del Parlamento de Burdeos. *L'Esprit des loix* es su obra más famosa. Partiendo de un estudio de la naturaleza de las leyes y de sus relaciones con los diversos ordenamientos políticos, el autor elabora en ese libro una teoría sobre la combinación de los poderes (ejecutivo, legislativo y judicial) que tendrá una importancia dominante en el desarrollo del liberalismo moderno. Las ideas de Montesquieu sobre las leyes penales, expresadas sobre todo en algunos capítulos de *L'Esprit des loix* (libro VI, caps. II, IX, XII, XVI, XVII; libro XII, caps. IV y sigs.) constituyen una de las fuentes directas y abiertamente confesadas del tratado de Beccaria.

[20] Se trata de concepciones muy difundidas entre los pensadores del iluminismo, a menudo cercanos a posiciones abiertamente metafísicas. Pero en estas páginas del tratado también es explícita la adhesión de Beccaria a las doctrinas del sensualismo. Siguiendo las huellas de Condillac y Helvetius, el escritor recurre a tales teorías para explicar los impulsos psicológicos de las acciones humanas y para justificar la inserción de la ley y de la pena en el tejido de la sensibilidad colectiva. En el famoso capítulo sobre la tortura (XVI) el sensualismo de Beccaria se configura con acentos seguramente deterministas: "Cada acto de nuestra voluntad siempre es proporcional a la fuerza de la impresión sensible, que es su fuente..."

[21] "La voz obligación es una de las que recurren más en moral que en toda otra ciencia, y que soy un signo abreviado de un raciocinio y no de una idea: buscadle una a la palabra obligación y no la hallaréis, haced un raciocinio y entenderéis vosotros mismos y seréis entendidos." (Nota del autor.)

[22] Tarea del juez, dirá más adelante Beccaria, es sólo "examinar si tal hombre cometió o no una acción contraria a las leyes".

[23] En el silogismo *la mayor* y *la menor* son las dos premisas que se yuxtaponen, y a las cuales sigue necesariamente la consecuencia.

[24] La exigencia de una aplicación literal y rigurosa de las leyes ya era expresa en Montesquieu, *L'Esprit des loix*, lib. VI, cap. III y lib. XI, cap. VI. "Esta concepción, que hoy nos parece absurda, del juez reducido a una especie de aparato automático hecho para aplicar la letra de las leyes sin interpretar su espíritu... fue una reacción históricamente comprensible contra los abusos de un sistema en el cual las sentencias, en lugar de basarse en leyes claras y

ciertas, se fundaban en confusas y contradictorias '*opiniones doctorum*' y por lo tanto terminaban por ser casi siempre la expresión del más ilimitado arbitrio personal del que juzgaba."

25 Pasaje de difícil interpretación. El autor intentaría afirmar que si los pequeños tiranos contra los que él escribía hubiesen estado en condiciones de leer su libro, Beccaria habría temido atraer sus persecuciones; pero como tales genios no están familiarizados con los libros, así se sentía seguro.

26 Es decir, por aquellos que fundan su propio poder en el "espíritu tenebroso de cábala y de intriga".

27 Multiplicándose en progresión.

28 La "dignidad" infinitamente mayor del ser ofendido compensaría la entidad menor de la ofensa. Es el caso de la blasfemia, que al ofender a Dios, se configuraría como el delito que merece castigo más duro.

29 Los prejuicios inspirados por el despotismo. Ya en Montesquieu se identifican los modelos negativos de la tiranía política con los regímenes orientales (el imperio otomano, Rusia, China). También en de Helvetius, *De l'esprit*, aparecen frecuentes alusiones al "despotismo oriental", pero que atacan a los baluartes del *ancien régime*.

30 Individuo.

31 El consenso, la estima.

32 Al buscar reparación violenta de una acción que considera lesiva de su propio honor, el ciudadano se sustrae al dominio de las leyes. Típico del delito de honor es, justamente, el clásico "hacerse justicia por mano propia".

33 Después de tratar los delitos que amenazan el orden de la sociedad y de los "naturales" que ofenden la vida o la seguridad ajenas ("contrarios a la seguridad de cada particular"), el autor examina los delitos menores: infracciones a los reglamentos y a las normas de policía urbana, actos tendientes a perturbar el orden público.

34 Beccaria reafirma aquí el principio de legalidad también en lo que concierne a las actuaciones de la policía, que tienden a transformarse en un abuso del Poder Ejecutivo, en la inobservancia del reglamento policial, en el arbitrio discrecional de la autoridad policial, en perjuicio de la libertad del ciudadano.

35 La muerte civil es la privación de todo derecho familiar o político, una especie de exclusión del consorcio social. Desapareció del código italiano en 1865.

36 Cfr. Montesquieu, *L'Esprit des loix*, libro XII, cap. II. El principio ya había sido afirmado en la tradición jurídica romana.

37 "Entre los criminalistas, la credibilidad de un testigo se torna tanto mayor cuanto más atroz es el delito. He aquí el axioma férreo dictado por la más

cruel imbecilidad: 'In atrocissimis leviores coniecturae sufficiunt, et licet iudici iura transgredi'. Traduzcámoslo al vulgar y que los europeos vean uno de los muchísimos dictámenes, igualmente razonables, de aquellos a los que casi sin saberlo están sometidos: 'En los delitos muy atroces, es decir, en los menos probables, bastan las conjeturas más ligeras y es lícito que el juez exceda el derecho'. Los absurdos prácticos de la legislación a menudo son el producto del temor, fuente principal de las contradicciones humanas. Atemorizados los legisladores (tales son los jurisconsultos autorizados por la suerte para decidir sobre todo y convertirse, de escritores interesados y venales, en árbitros y legisladores de las fortunas de los hombres) por la condena de algún inocente, cargan la jurisprudencia con excesivas formalidades y excepciones, cuya exacta observancia haría sentar a la impunidad anárquica en el trono de la justicia; atemorizados por algunos delitos atroces y difíciles de probar se creyeron en la necesidad de superar las mismas formalidades establecidas por ellos, y así ya con despótica impaciencia, ya con femenina trepidación, transforman los graves juicios en una especie de juego en el cual el azar y la astucia son la figura principal." [Nota del autor.]

38 Escasísima, en suma, la credibilidad de los testigos en las acusaciones de magia, dictadas por la ignorancia o el "odio perseguidor".

39 Alude a las amenazas, a los propósitos delictuosos que son referidos más o menos fielmente por terceras personas.

40 Aquí se afirma el principio de la evaluación de las pruebas confiada a la conciencia del tribunal, en contraposición al sistema entonces vigente de las "pruebas legales", a las cuales estaba obligado el juez con un riguroso cálculo.

41 Si el imputado ha gozado, dentro de ciertos límites, de la posibilidad de recusar a uno o más jurados "sospechosos", una eventual condena será percibida como un acto de justicia absoluta.

42 Referencia tácita al Tribunal de los Diez de Venecia, que mantenía en vigor el sistema del espionaje y de las acusaciones secretas.

43 Cfr. *L'Esprit des loix*, lib. VI, cap. VIII; lib. XII, cap. XXIII.

44 Es uno de los capítulos más famosos del entero tratado, que ilumina algunos de los peculiares métodos de composición y escritura propios de Beccaria.

45 Fragmento poco claro. Beccaria desea afirmar la inutilidad de las investigaciones despiadadas, realizadas con el auxilio de la tortura, para descubrir delitos no evidentes, imaginados por el que interroga.

46 Dado que son más numerosos aquellos que respetan las leyes que aquellos que las violan, al aplicar la tortura el juez se expone con mayores probabilidades, al riesgo de tratar con crueldad a un inocente.

47 Las relaciones normales e imposibles de suprimir de causa-efecto, que

se pretendían rotas o suspendidas por la intervención divina en los famosos "juicios".

[48] Ni siquiera el hombre de nivel intelectual superior puede resistir a la ley de naturaleza; los efectos del dolor también actúan, incontrolables, sobre él.

[49] Abolida en Suecia en 1734 en lo que concernía a los delitos comunes, la tortura será objeto de un nuevo decreto el 24 de agosto de 1772, poco después del golpe de Estado de Gustavo III. A esa disposición no fue ajena la influencia de la obra de Beccaria.

[50] Federico II de Prusia (1740-1786), uno de los mayores exponentes del "despotismo ilustrado". Amigo de Voltaire y D'Alembert, cultor de estudios filosóficos, trató de modernizar el Estado introduciendo una serie de reformas económicas y administrativas. En el ámbito jurídico es importante el reordenamiento de la legislación que realizó con el *Código federicano*. Apenas ascendió al trono, decretó la abolición de la tortura.

[51] Petición de principio: el sofisma consistente en presuponer implícitamente demostrada la tesis que se pretende demostrar.

[52] Que comporta una controversia de carácter económico entre el ciudadano y el fisco (es decir, la administración económica del Estado).

[53] Obtenida fuera del rito judicial, sin recurrir a los instrumentos tradicionalmente aptos para extraerla.

[54] Proceso inquisitorio, hoy suplantado por el proceso que Beccaria denomina *informativo* y que en la actual terminología jurídica se dice *acusatorio*. En el primero, el acusador y el juez son la misma persona, es decir, el magistrado que ha promovido la acusación, reunido las pruebas, etc., cumple también la función de juzgar, por lo que se ve naturalmente llevado a "darse la razón a sí mismo" y se debilita la necesaria imparcialidad. En cambio, en el proceso acusatorio, el juez es otro que el acusador (o fiscal, según el procedimiento actual).

[55] Sólo los pensadores y los historiadores del futuro, expertos en la naturaleza humana e inmunes a los prejuicios, podrán justificar filosóficamente la estratificación en el tiempo de tal sistema de iniquidad.

[56] Sólo los hombres superiores, apasionadamente vueltos hacia un objeto lejano, a un ideal, logran dejar en las sombras, aplacar, las sensaciones y las ideas inmediatas, presentes, que en cambio impulsan a los hombres vulgares.

[57] Los nobles y el clero podían gozar no sólo de foros especiales sino también de procedimientos menos rigurosos. Las penas eran más moderadas, menos infamantes, a menudo convertibles en multas pecuniarias. Estaba directamente previsto un modo diferente de llevar a la práctica la pena de muerte en relación con la clase social a la que pertenecía el condenado. A los privilegios de casta y de rédito se agregaba entonces un tratamiento de favor

ante la ley. La desigualdad social y económica se traducía también en desigualdad jurídica.

[58] Según Beccaria, eran justificables las desigualdades surgidas entre los individuos en razón de los méritos y las posibilidades personales, absurdas aquellas fijadas por estratos rígidamente distintos o por privilegios familiares. Las diferencias de condición deben surgir y destruirse "incesantemente", según un movimiento dinámico alterno, no perpetuarse en las familias y en los estratos sociales.

[59] La libertad ilimitada y despótica de la que estaban dotados originalmente. En el capítulo I, el autor había hablado del "ánimo despótico de cada hombre" que se manifestaba en la barbarie primitiva previa a la institución del pacto social.

[60] Es necesariamente extrínseca la igualdad de las penas porque individualmente cada condenado vive y sufre el castigo de manera conmensurable a su propia sensibilidad, educación y cultura. Y tal variedad de reacciones obviamente no es uniformable en fuerza de ley.

[61] En la primera edición (Liorna, 1764) Beccaria había escrito: "terrible, pero tal vez necesario derecho". Es significativa la corrección e importante la afirmación del autor, que aquí se muestra influido por las discusiones sobre el fundamento del derecho de propiedad, vivas en la filosofía del siglo XVIII.

[62] Las penas pecuniarias multiplican el número de los reos y reducen a la miseria no sólo al culpable sino también a sus familiares inocentes: así dan origen a otros delitos. Inmediatamente después, Beccaria indica la que para él es la forma más equitativa de castigo: cárcel y trabajos forzados, medios aptos para resarcir a la comunidad del daño que acarreó el *despotismo injusto* del que viola el pacto social.

[63] Realizados "con destreza", sin dañar la indemnidad de la víctima.

[64] Modo figurado para expresar la imposibilidad lógica de poner en confrontación cosas que no pueden aproximarse. En geometría sólo se consideran relaciones entre magnitudes homogéneas.

[65] Tácito consenso colectivo a su conducta y moralidad.

[66] En el derecho romano y en el canónico, era un estado especial de menoscabo, también jurídico, que sancionaba una "pérdida de honorabilidad" por parte del ciudadano. En las legislaciones modernas sobrevive ese concepto en las penas accesorias previstas para ciertos delitos: prohibición de acceder a los cargos públicos, privación del derecho de voto, etc.

[67] Los corolarios lógicos y las deducciones especiosas derivados de un falso principio, le dan a éste una inmerecida credibilidad, ocultando a los ojos de la mayoría el error original.

[68] La naturaleza subvierte y destruye todas las leyes particulares que se apartan de sus principios.

[69] Esta forma de "parasitismo civil" no es definida claramente por el autor. No se trata del ocio de los ricos que viven de rentas. Aquel al que el arte, la fuerza o la virtud de sus antepasados hizo rico, ofrece "por placeres actuales" es decir, a cambio de los placeres que alegran su vida, posibilidades de trabajo a los pobres "industriosos", para Beccaria cumple una función social, de ningún modo despreciable "a medida que la sociedad se dilata y la administración se restringe" (es decir, la dirección de los asuntos públicos se concentra en las manos de limitadas categorías de funcionarios).

[70] Las amenazas de un poder absoluto y tiránico.

[71] La sumisión total a la autoridad del jefe de la familia, establecida por las leyes entonces vigentes.

[72] Fragmento bastante oscuro. Tal vez Beccaria quiera decir que, al desarrollarse junto a la "masa" de un Estado y el sentimiento civil del pueblo, las buenas leyes hallarían un obstáculo propio en esas difundidas actitudes de independencia y de libre espíritu crítico que ellas habrían contribuido a producir.

[73] La venalidad de los jueces dispuestos a permitir que los corrompan.

[74] Suplicio que se infligía a los autores de los delitos más graves. El condenado era atado a una rueda fijada horizontalmente sobre un palo y allí, tras quebrarle brazos y piernas, se lo dejaba morir lentamente.

[75] Cfr. Montesquieu, *L'Esprit des loix*, lib. VI, cap. XIII. Pero en todo el capítulo, el autor acoge y desarrolla las concepciones utilitaristas de Hobbes y de Helvetius, reconociéndole a la pena una función de ventaja pública, de defensa del cuerpo social y prevención del delito: condiciones que se realizan sólo si la pena es pronta, cierta, inmediata y no enorme ni desproporcionada al delito.

[76] Cfr. cap. I ("Origen de las penas"). Por esta afirmación, según la cual la soberanía del Estado está constituida por el conjunto de las porciones de libertad a la que han renunciado voluntariamente los individuos, se puede remitir a las tesis de Locke (*Tratado sobre el gobierno).*

[77] Isabel Petrovna (1709-61), hija de Pedro el Grande, reinó de 1741 a 1761. En su *Histoire de Russie* Voltaire afirma que durante su imperio se suspendió en Rusia la práctica de las ejecuciones capitales. En realidad, la emperatriz permutó la pena de muerte con el *knut*: y una condena semejante, sobre todo cuando los golpes eran trescientos o cuatrocientos, podía ser aun más atroz que la misma pena capital.

[78] Por un lado, las ejecuciones capitales deben ser frecuentes para mantener vivo en los hombres el sentido del poder punitivo de la justicia; por el otro, la repetición periódica del acto debilita su eficacia intimidatoria.

⁷⁹ Es decir, quien considera en abstracto la suma de los "momentos infelices" que significa la reclusión. En esta parte, Beccaria da prueba de una aguda sapiencia psicológica.
⁸⁰ A la cabeza de pocos hombres decididos a actuar.
⁸¹ Razonamientos falsos y viciosos.
⁸² La superstición, el prejuicio; en particular, la convicción de que un breve arrepentimiento pueda obtener la absolución de un delito ante el tribunal divino.
⁸³ La verdad no cae en prescripción, aunque permanezca oculta, oscurecida por siglos; tarde o temprano su evidencia se impone sobre ese "piélago de errores" en que está envuelta la historia de la humanidad.
⁸⁴ Entonces, la pena de muerte no se justifica ni por el derecho ni por la historia ni por las tradiciones de los pueblos.
⁸⁵ Era constante en los escritores del *Caffè* la polémica contra la "pequeña prepotencia" de los estratos privilegiados, de los grupos de poder local. Según los Verri y Beccaria, los males del despotismo intermedio postulan una única solución en el plano político: la intervención, desde lo alto, de un soberano reformador.
⁸⁶ La verificación.
⁸⁷ La suerte de un inocente una vez encarcelado. Beccaria observa que una nota de infamia acompaña de todos modos al que ha terminado en la cárcel, confundiendo en un grupo a los simples acusados con los convictos (se dice "convicto" al reo cuya culpabilidad ha sido demostrada por las pruebas). Propone además un sistema de custodia preventiva del "reo" (aquí en el sentido de "imputado") que no implique la idea accesoria de la pena y de la infamia.
⁸⁸ Alude a los invasores bárbaros y a las costumbres del tosco Medioevo.
⁸⁹ El principio es adoptado por los códigos modernos. El artículo 6 del Código Penal italiano dice, entre otras cosas: "Todo el que comete un delito en el territorio del Estado es castigado según la ley italiana".
⁹⁰ Se habla de la pena de la deportación. Al alejar al detenido, ella empalidece la evidencia sensible del castigo y anula su valor como ejemplo.
⁹¹ Es decir, como una hipótesis remota, una eventualidad que sólo puede tocar a los otros.
⁹² La parte agraviada.
⁹³ El período de instrucción.
⁹⁴ Cuanto más atroz es el delito, más raro es y mayores son las probabilidades de inocencia del imputado. En estos casos "la probabilidad de la inocencia supera la probabilidad del delito".
⁹⁵ En cuanto a los delitos más feroces y contrarios al sentir común, cuan-

do no surgen responsabilidades precisas, al imputado se le debe devolver rápidamente la libertad.

⁹⁶ Que por una participación civil homogénea y difusa.

⁹⁷ Es decir, en las naciones que se rigen más por el "buen orden" que por el impulso de las fuertes pasiones civiles.

⁹⁸ La sodomía.

⁹⁹ La ley establecía entonces el valor probatorio de ciertos indicios, que sumados podían condenar al reo (dos semipruebas equivalían a una "plena probatio").

¹⁰⁰ La referencia a la "potestad doméstica" hace pensar en experiencias vividas directamente por el autor. Siendo muy joven, chocó con la irreductible oposición del padre cuando quiso casarse con la que luego fue su primera esposa, Teresa Blasco.

¹⁰¹ La homosexualidad.

¹⁰² Los colegios, los seminarios.

¹⁰³ El aborto provocado.

¹⁰⁴ Sobre los parientes.

¹⁰⁵ Es original la aproximación que delinea Beccaria entre el suicidio y la expatriación, puestos en el mismo plano en cuanto a los efectos penales y civiles.

¹⁰⁶ Sofocaría.

¹⁰⁷ Controlados (por la autoridad pública).

¹⁰⁸ La industria del vulgo humilde, requerida por la necesidad. Era común a los escritores del *Caffè* la oposición contra toda disposición que intentara poner límites al lujo, en el que veían un estímulo para el comercio y un medio para atenuar el peso de las desigualdades sociales.

¹⁰⁹ Donde no se garantiza a los ciudadanos la seguridad y la libertad, las leyes se convierten en instrumentos de la tiranía.

¹¹⁰ Que es introducida ilegalmente, sin pagar la gabela.

¹¹¹ El trabajo forzado del condenado deberá ser en beneficio de ese sector del Estado ("regalía" equivale aquí a "derecho o tasa de pertenencia del soberano") cuyos intereses se han visto perjudicados por su acción.

¹¹² El delito al que alude Beccaria se define hoy como "quiebra fraudulenta".

¹¹³ En otra nación.

¹¹⁴ La pena de la detención se justificaría sólo si se intentara obtener eventuales admisiones de culpabilidad por parte del que ha sido juzgado "quebrado inocente", es decir, no doloso.

¹¹⁵ Quiere decir que los inconvenientes políticos aumentan en proporción directa al daño público y en proporción inversa a la improbabilidad de

verificarse. En suma, la impunidad es poco peligrosa cuando el delito no es evidente, cuando no se revela con clara evidencia.

[116] Es decir, en casos de culpa ligera, se podrá dejar a los acreedores el derecho de regular los modos y los términos del resarcimiento que les corresponde.

[117] "El comercio, la propiedad de los bienes, no son un fin del pacto social, pero pueden ser un medio para obtenerlo. Exponer a todos los miembros de la sociedad a los males para cuyo surgimiento existen tantas combinaciones, sería subordinar los fines a los medios, paralogismo de todas las ciencias, y sobre todo de la política, en la cual he caído en las ediciones precedentes, donde decía que el quebrado inocente debe ser custodiado como prenda de sus deudas, o empleado como esclavo para el trabajo por los acreedores. Me avergüenzo de haber escrito eso. Se me ha acusado de irreligión, y no lo merecía. He sido acusado de sedición, y no lo merecía. He ofendido los derechos de la humanidad, y nadie me lo ha reprochado." [Nota del autor.]

[118] El derecho de asilo sancionaba la inviolabilidad de todo edificio sagrado, iglesia o convento. Todo aquel que se refugiara en tal edificio, podía sustraerse a la captura, rehuyendo a la autoridad secular. Tal derecho sobrevivía en algunas legislaciones de la época.

[119] La extradición.

[120] En toda sociedad bien ordenada y civil se vuelven evidentes y fácilmente desenmascarables los medios artificiosos, los dolos, los engaños fraudulentos tanto de los ciudadanos como del poder.

[121] Porque la acción del ejecutor ha sido determinada sólo por la compensación extraordinaria que de común acuerdo le asignaron sus compañeros.

[122] Es decir, que entran directamente en el mérito, en el hecho particular y específico, sin limitarse a las circunstancias generales o a los sucesos colaterales.

[123] Inherente a la figura jurídica del delito.

[124] En la negativa.

[125] Beccaria alude a los delitos de herejía, a los que se refieren las feroces imágenes medievales que abren el capítulo y en general a los delitos "de opinión" en materia religiosa. Al parecer, el escritor acepta el principio de autoridad y justifica la necesidad de perseguir a los heréticos.

[126] Investida de autoridad, sostenida por el poder civil.

[127] Concepto fundamental, que del pensamiento iluminista se difundirá luego a la moderna legislación.

[128] Es decir, llevándolos a esperar una posible impunidad.

[129] Necesidades ficticias, creadas por el orgullo o el prejuicio.

[130] Jean-Jacques Rousseau, perseguido en esos años por la publicación de *Émile*.
[131] La quintaesencia.
[132] La adhesión de la mayoría de aquellos que, si bien medianamente ignorantes, se consideran superiores al bajo pueblo.
[133] El Ser Supremo.

Índice

Prólogo, por *Silvina Ramírez* 7

Cronología de la vida y las obras 19

De los delitos y de las penas

A quien leyere 25

Introducción 29

Notas 129

Este libro se terminó de imprimir
en Indugraf S.A.,
en el mes de agosto de 2005.
www.indugraf.com.ar